I SEGRETI DEL LINGUAGGIO DEL CORPO

Le Tecniche e Strategie di Comunicazione non verbale per migliorare le tue interazioni quotidiane.

Di Bianca Fiore

SOMMARIO

CAPITOLO 1

I FONDAMENTI DEL LINGUAGGIO DEL CORPO

L'evoluzione del linguaggio del corpo nella storia umana è un argomento affascinante che rispecchia l'adattamento dell'uomo alle mutevoli condizioni ambientali e sociali. Fin dalle origini, la comunicazione non verbale ha giocato un ruolo cruciale nelle interazioni umane, permettendo ai nostri antenati di esprimere sentimenti, intenzioni e avvisi di pericolo senza l'uso della parola.

Il linguaggio del corpo, in termini evolutivi, ha radici profonde che si intrecciano con le necessità di sopravvivenza e di coesione sociale. Nelle società primitive, la capacità di comprendere i segnali non verbali era essenziale per identificare amici o nemici, stabilire legami di alleanza o percepire minacce. Questi segnali, che comprendono espressioni facciali, posture, gesti e l'uso dello spazio personale, servivano come meccanismi di comunicazione immediata, spesso in contesti dove il silenzio era vitale per non allertare le prede o i predatori.

Con il progredire delle civiltà, il linguaggio del corpo ha assunto nuove sfumature e significati, adattandosi alle complessità delle strutture sociali e politiche. Nelle corti antiche, ad esempio, la gestualità diventava uno strumento di potere e seduzione, un codice sofisticato per trasmettere messaggi cifrati agli iniziati, mantenendo allo stesso tempo un velo di mistero per gli estranei. La capacità di leggere e interpretare correttamente questi segnali diventava così un'arte coltivata con cura, spesso determinante per il successo e la sopravvivenza politica.

L'importanza del linguaggio del corpo non è sfuggita neanche ai filosofi dell'antichità, che lo hanno studiato e teorizzato, cercando di decifrare il significato intrinseco dei gesti e delle posture. Questo interesse non si è mai sopito, bensì è cresciuto e si è evoluto nel corso dei secoli, ampliandosi con l'avanzamento delle scienze umane e naturali. La psicologia e la neuroscienza, in particolare, hanno apportato contributi significativi alla comprensione dei meccanismi cerebrali alla base della comunicazione non verbale, svelando come determinate espressioni o movimenti siano universali e radicati nella nostra biologia.

Nel contesto contemporaneo, il linguaggio del corpo è diventato oggetto di studio sistematico, interessando non solo psicologi e antropologi ma anche professionisti della comunicazione, del marketing e della politica. La capacità di interpretare i segnali non verbali è riconosciuta come una competenza chiave nelle relazioni interpersonali, nella negoziazione e nella leadership, testimoniando come la comunicazione non verbale continui a essere una dimensione fondamentale dell'esperienza umana.

L'evoluzione del linguaggio del corpo riflette, dunque, un viaggio millenario attraverso la storia umana, un percorso che da semplice strumento di sopravvivenza si è trasformato in una complessa forma di espressione e comunicazione. Questa evoluzione sottolinea l'importanza di comprendere e padroneggiare il linguaggio del corpo non solo per migliorare le nostre interazioni quotidiane ma anche per arricchire la nostra connessione con gli altri, rivelando pensieri e sentimenti che trascendono le parole.

La comprensione moderna del linguaggio del corpo deve molto a una serie di ricerche fondamentali che, nel corso del tempo, hanno plasmato il nostro approccio a questa forma di comunicazione. Questi studi, spesso pionieristici, hanno offerto spunti rivoluzionari sull'importanza dei segnali non verbali nelle interazioni umane, aprendo nuove prospettive su come gesti, espressioni facciali e posture influenzano la percezione reciproca e la comunicazione.

Uno degli studi più influenti in questo campo è stato condotto da Albert Mehrabian negli anni '60, che ha esplorato la comunicazione emotiva e la regola del 7%-38%-55%. Secondo Mehrabian, in una comunicazione faccia a faccia, solo il 7% dell'impatto emotivo deriva dalle parole effettivamente pronunciate, mentre il 38% proviene dal tono di voce e ben il 55% dal linguaggio del corpo. Questa ricerca ha evidenziato l'enorme peso della comunicazione non verbale nel trasmettere sentimenti ed emozioni, sottolineando la necessità di prestare attenzione non solo a ciò che diciamo ma anche a come lo diciamo.

Un altro contributo significativo è stato quello di Paul Ekman, che ha studiato le espressioni facciali e la loro correlazione con le emozioni. Ekman ha identificato sei emozioni di base - felicità, tristezza, paura, sorpresa, disgusto e rabbia - che sono universali e riconosciute in tutte le culture umane. Le sue ricerche sulle microespressioni, brevi esplosioni involontarie di emozione che appaiono sul viso per frazioni di secondo, hanno fornito strumenti preziosi per la lettura delle emozioni autentiche, spesso nascoste o represse.

Gli studi di Ekman, insieme a quelli di altri ricercatori come Joe Navarro, un ex agente dell'FBI esperto in linguaggio del corpo e comportamento non verbale, hanno ampliato ulteriormente la nostra comprensione. Navarro ha applicato le sue conoscenze nell'ambito dell'interrogatorio e della sicurezza, dimostrando come la capacità di interpretare accuratamente i segnali non verbali possa avere applicazioni pratiche cruciali nella vita quotidiana e nella sicurezza nazionale.

In ambito accademico, la ricerca sul linguaggio del corpo si è estesa alla psicologia evoluzionistica, con studi che esaminano come certi segnali non verbali abbiano radici nel nostro passato evolutivo. Questi studi suggeriscono che molti aspetti del nostro comportamento non verbale, come il modo in cui manteniamo il contatto visivo o utilizziamo lo spazio personale, possono derivare da meccanismi ancestrali di sopravvivenza e accoppiamento.

Le ricerche in questi e altri settori hanno fornito un quadro sempre più chiaro di come il linguaggio del corpo influenzi la comunicazione, le relazioni e la percezione sociale. Hanno dimostrato che la comunicazione non verbale è una componente integrante dell'interazione umana, con implicazioni profonde per la psicologia, le relazioni interpersonali, la pedagogia, e persino la giustizia. Grazie a questi studi, oggi comprendiamo meglio il potere e l'importanza del linguaggio del corpo, riconoscendo che una maggiore consapevolezza e comprensione di questi segnali possono migliorare significativamente le nostre abilità comunicative e relazionali.

Le differenze culturali nella comunicazione non verbale rappresentano un aspetto fondamentale nello studio del linguaggio del corpo, rivelando come pratiche e interpretazioni possano variare ampiamente da una cultura all'altra. Questa varietà culturale nella comunicazione non verbale sottolinea l'importanza di un approccio sensibile e informato quando si interagisce con individui di background diversi, sia in contesti personali che professionali.

Un esempio significativo di come le differenze culturali influenzino la comunicazione non verbale è il contatto visivo. In molte culture occidentali, mantenere un contatto visivo diretto è generalmente percepito come un segno di fiducia, onestà e sicurezza di sé. Tuttavia, in alcune culture asiatiche e africane, un contatto visivo prolungato può essere interpretato come invasivo o addirittura come una sfida o una mancanza di rispetto, soprattutto se rivolto a una persona di status superiore o più anziana.

Analogamente, il significato dei gesti può variare enormemente tra le culture. Un gesto innocuo in un paese può avere connotazioni molto diverse in un altro. Per esempio, il gesto del "pollice in su", comunemente usato in molti paesi occidentali per indicare approvazione o accordo, può essere considerato offensivo in alcune parti del Medio Oriente. Queste discrepanze sottolineano l'importanza di conoscere e comprendere le norme culturali specifiche relative alla comunicazione non verbale per evitare malintesi e offese involontarie.

Le espressioni facciali, sebbene spesso considerate universali nella loro capacità di esprimere emozioni di base come la felicità, la tristezza o la paura, possono anch'esse essere influenzate da considerazioni culturali. Studi hanno mostrato che persone di diverse culture possono moderare o esagerare l'espressione delle loro emozioni in base alle norme sociali vigenti. Ad esempio, in alcune culture asiatiche, l'espressione aperta di emozioni negative in pubblico può essere vista come inappropriata, portando a una maggiore tendenza a controllare o mascherare tali emozioni.

La percezione dello spazio personale è un altro ambito in cui le differenze culturali giocano un ruolo significativo. Ciò che è considerato una distanza sociale accettabile varia notevolmente: nelle culture latine e mediorientali, per esempio, le persone tendono a stare più vicine l'una all'altra durante le conversazioni, mentre nelle culture nordiche e in alcune parti dell'Asia, una maggiore distanza fisica è la norma. Queste variazioni influenzano non solo la comunicazione quotidiana ma anche le pratiche commerciali e diplomatiche, dove la comprensione delle norme relative allo spazio personale può facilitare relazioni più armoniose.

Le differenze culturali nella comunicazione non verbale richiedono quindi un approccio attento e rispettoso, con un impegno costante all'apprendimento e all'adattamento. La consapevolezza di queste variazioni non solo arricchisce la nostra capacità di interagire efficacemente con persone di culture diverse ma promuove anche un maggiore rispetto e comprensione tra individui e comunità a livello globale. Questa consapevolezza culturale, quindi, diventa un elemento chiave nella navigazione del panorama complesso e diversificato della comunicazione umana.

Il ruolo del linguaggio del corpo nella formazione della prima impressione è tanto sottile quanto potente. La nostra capacità di valutare istintivamente gli altri basandoci su segnali non verbali si manifesta in pochi secondi dall'incontro, influenzando profondamente il nostro giudizio e la nostra percezione di una persona. Questa valutazione rapida, che avviene spesso a livello inconscio, può determinare la natura di una relazione futura, sia essa di natura personale, professionale o casuale.

Quando incontriamo qualcuno per la prima volta, il nostro cervello elabora rapidamente una varietà di segnali non verbali, come l'espressione facciale, il contatto visivo, la postura, i gesti e la prossimità fisica. Questi elementi comunicano informazioni essenziali sullo stato emotivo, sulla sicurezza di sé, sull'apertura e sulla possibile compatibilità sociale o professionale. Ad esempio, una postura aperta e rilassata può trasmettere disponibilità e fiducia, mentre il contatto visivo diretto può essere interpretato come segno di sincerità e interesse.

La gestualità svolge anche un ruolo cruciale nella formazione delle prime impressioni. Gestire le mani con sicurezza o utilizzare gesti che accompagnano il discorso può arricchire la comunicazione, rendendola più efficace e coinvolgente. Al contrario, gesti nervosi o il chiudersi in posture difensive possono inviare segnali di insicurezza o chiusura, influenzando negativamente la percezione dell'interlocutore.

Anche la mimica facciale ha un impatto significativo sulle prime impressioni. Sorridere, ad esempio, è universalmente riconosciuto come un segnale di accoglienza e apertura, in grado di abbattere barriere sociali e creare una connessione immediata. D'altro canto, un'espressione neutra o, peggio, scura può rendere difficile l'avvio di una relazione positiva, poiché può essere interpretata come disinteresse o antipatia.

La rapidità con cui formiamo queste prime impressioni sottolinea l'importanza di essere consapevoli del nostro linguaggio del corpo e di cercare di gestirlo in modo che rifletta accuratamente le nostre intenzioni. Essere consapevoli di come i nostri segnali non verbali possano essere percepiti ci permette di modulare il nostro comportamento in modo da favorire interazioni positive fin dal primo incontro.

La ricerca ha dimostrato che le prime impressioni sono notevolmente persistenti e difficili da modificare una volta formate. Questo fenomeno, noto come effetto di primazia, significa che le informazioni ricevute all'inizio di un incontro hanno un peso maggiore rispetto a quelle apprese successivamente. Pertanto, la capacità di utilizzare efficacemente il linguaggio del corpo per trasmettere fiducia, apertura e competenza diventa una competenza preziosa in tutti gli ambiti della vita.

In ultima analisi, il linguaggio del corpo è un elemento chiave nella formazione delle prime impressioni, agendo come una lente attraverso la quale siamo valutati dagli altri. Una comprensione profonda di come i nostri gesti, posture ed espressioni vengano interpretati ci permette di navigare il mondo sociale con maggiore sicurezza, costruendo ponti di comunicazione efficace sin dal primo incontro.

La scienza dietro l'interpretazione dei gesti si basa su un complesso intreccio di psicologia, neuroscienze e antropologia, offrendo spiegazioni affascinanti su come e perché interpretiamo i gesti nel modo in cui lo facciamo. Questo campo di studio esamina non solo il significato attribuito a specifici gesti in diverse culture, ma anche le basi biologiche e psicologiche che influenzano la nostra capacità di decodificarli.

Al cuore dell'interpretazione dei gesti vi è la comprensione di come il cervello umano elabori i segnali non verbali. Le ricerche neuroscientifiche hanno dimostrato che diverse aree del cervello sono coinvolte nell'elaborazione dei gesti e delle espressioni facciali. Per esempio, l'area di Broca, nota per il suo ruolo nel linguaggio verbale, è coinvolta anche nella comprensione dei gesti, suggerendo un legame profondo tra comunicazione verbale e non verbale.

Gli studi sul comportamento umano e animale rivelano che molti gesti hanno radici evolutive, servendo a esprimere emozioni fondamentali come paura, felicità, aggressività o sottomissione. Questi segnali non verbali, quindi, fungono da ponti comunicativi universali, trascendendo spesso le barriere linguistiche e culturali. Tuttavia, il contesto culturale in cui un gesto viene eseguito può influenzarne profondamente l'interpretazione, rendendo essenziale la comprensione del contesto per evitare fraintendimenti.

La psicologia sociale contribuisce a questa disciplina esaminando come i gesti influenzino la percezione interpersonale e le dinamiche di gruppo. Attraverso esperimenti e osservazioni, i ricercatori hanno scoperto che certi gesti possono migliorare la persuasione, stabilire rapporti di dominanza o sottomissione, e influenzare l'esito delle interazioni sociali e professionali. Ad esempio, un semplice gesto come l'incrocio delle braccia può essere interpretato come chiusura o difesa, mentre gesti aperti e orientati verso l'interlocutore possono trasmettere apertura e accettazione.

La capacità di interpretare correttamente i gesti richiede quindi una comprensione non solo del linguaggio del corpo stesso, ma anche del contesto sociale, culturale e psicologico in cui si manifesta. Questa competenza diventa particolarmente preziosa in contesti multiculturali, dove la possibilità di fraintendimenti è maggiore. La consapevolezza di queste sfumature può aiutare a navigare con successo le complessità delle interazioni umane, migliorando la comunicazione e la comprensione reciproca.

L'interpretazione dei gesti, dunque, non si basa solo su un catalogo di segni e significati, ma richiede un approccio olistico che consideri l'individuo nella sua interezza - le sue emozioni, il contesto culturale e la situazione specifica. Questo approccio multidisciplinare non solo arricchisce la nostra capacità di comunicare e connetterci con gli altri, ma apre anche finestre sulle profondità della natura umana, offrendo insight preziosi sulle fondamenta stesse della nostra socialità e della nostra esistenza condivisa.

CAPITOLO 2

LA NEUROLOGIA DELLA COMUNICAZIONE NON VERBALE

Esplorare i meccanismi neurali alla base della percezione e della produzione dei segnali non verbali ci permette di addentrarci in uno dei capitoli più affascinanti della neurologia della comunicazione non verbale. Questo ambito di studio rivela come il cervello umano elabori e risponda a una vasta gamma di informazioni non verbali, da espressioni facciali e gesti a postura e contatto visivo, offrendo insight preziosi sul funzionamento interno della nostra comunicazione più istintiva.

Al centro di questa comprensione vi sono le aree cerebrali specifiche che sono state identificate come cruciali nell'elaborazione dei segnali non verbali. Una di queste è l'area di Broca, tradizionalmente associata al linguaggio verbale ma che gioca un ruolo fondamentale anche nella comprensione dei gesti. Studi di neuroimaging hanno mostrato che, quando osserviamo gesti o mimiche, l'area di Broca si attiva, suggerendo che il nostro cervello tratta la comunicazione non verbale con un livello di elaborazione simile a quello del linguaggio parlato.

Un altro elemento chiave è rappresentato dall'amigdala, una struttura cerebrale profondamente coinvolta nell'elaborazione delle emozioni. L'amigdala gioca un ruolo cruciale nell'interpretazione delle espressioni facciali legate alle emozioni, permettendo una risposta rapida a segnali che potrebbero indicare pericolo o opportunità sociali. Questa capacità di "leggere" le emozioni negli altri e di reagire di conseguenza è fondamentale per la nostra sopravvivenza e benessere sociale.

Il sistema dei neuroni specchio rappresenta un altro aspetto fondamentale nella comprensione di come percepiamo e produciamo comunicazione non verbale. Questi neuroni si attivano sia quando eseguiamo un'azione sia quando osserviamo qualcun altro compiere la stessa azione, facilitando l'imitazione e l'apprendimento, nonché la capacità di empatizzare con gli stati emotivi altrui. Questo sistema di "eco" neurale permette di sperimentare un senso di connessione e comprensione profonda con gli altri, giocando un ruolo vitale nell'interazione sociale.

La corteccia prefrontale, inoltre, è implicata nella regolazione delle nostre risposte ai segnali non verbali, permettendo una valutazione consapevole e la modulazione del nostro comportamento in risposta agli stimoli percepiti. Questa area del cervello ci aiuta a interpretare il contesto sociale, a prendere decisioni su come reagire adeguatamente ai segnali non verbali e a controllare le nostre espressioni in modo che siano appropriate alla situazione.

Infine, la corteccia somatosensoriale e la corteccia motoria sono fondamentali nella produzione di segnali non verbali. La corteccia somatosensoriale elabora le informazioni sensoriali che contribuiscono alla consapevolezza del nostro corpo nello spazio, mentre la corteccia motoria coordina i movimenti necessari per esprimere i nostri segnali non verbali, dalle espressioni facciali ai gesti.

Questi meccanismi neurali dimostrano la complessità e la sofisticazione con cui il nostro cervello elabora e utilizza la comunicazione non verbale. La capacità di interpretare e rispondere efficacemente ai segnali non verbali è radicata in strutture e processi cerebrali evoluti per facilitare la connessione umana, sottolineando l'importanza fondamentale della comunicazione non verbale nel tessuto della vita sociale.

L'emisfero destro del cervello svolge un ruolo cruciale nella decodifica dei segnali non verbali, fungendo da fulcro per l'interpretazione e l'elaborazione di una vasta gamma di informazioni sensoriali che costituiscono la comunicazione non verbale. Questa importanza deriva dalla sua specializzazione nelle funzioni spaziali, nella percezione globale e nel riconoscimento dei pattern, tutte capacità fondamentali per interpretare correttamente i gesti, le espressioni facciali, il tono di voce e altri segnali non verbali.

Gli studi neurologici hanno dimostrato che, mentre l'emisfero sinistro è più coinvolto nel processamento del linguaggio verbale e nella logica sequenziale, l'emisfero destro predomina nell'elaborazione delle informazioni visive e spaziali, nonché nella percezione delle espressioni emotive. Questa predisposizione rende l'emisfero destro particolarmente adatto a cogliere le sfumature della comunicazione non verbale, come il linguaggio del corpo e le microespressioni facciali che spesso sfuggono all'analisi consapevole.

Una delle funzioni chiave dell'emisfero destro è la sua capacità di interpretare il contesto emotivo di una situazione, permettendo agli individui di rispondere in modo appropriato alle sfumature emotive espresse attraverso segnali non verbali. Questa capacità di "leggere" le emozioni si basa sull'elaborazione simultanea di molteplici segnali, un compito per cui l'emisfero destro è particolarmente attrezzato, grazie alla sua tendenza a processare le informazioni in modo olistico piuttosto che sequenziale.

L'emisfero destro è anche essenziale per il

riconoscimento dei volti e l'interpretazione delle espressioni facciali, due componenti fondamentali della comunicazione non verbale. La capacità di riconoscere un volto familiare, di interpretare un sorriso genuino rispetto a uno di cortesia, o di percepire la tristezza nascosta dietro un'espressione apparentemente neutra, sono tutti compiti che richiedono un sofisticato processo di elaborazione che l'emisfero destro gestisce con straordinaria efficacia.

Inoltre, l'emisfero destro gioca un ruolo importante nell'elaborazione del tono di voce e degli aspetti prosodici del linguaggio, come l'intonazione, il ritmo e l'enfasi, che trasmettono emozioni e intenzioni al di là delle parole stesse. Questa sensibilità ai segnali acustici non verbali arricchisce la nostra comprensione dei messaggi verbali, offrendo una dimensione aggiuntiva alla comunicazione umana.

La ricerca sul cervello ha anche evidenziato come l'emisfero destro contribuisca alla percezione dello spazio e alla consapevolezza del proprio corpo nello spazio, capacità essenziali per interpretare il linguaggio del corpo e la prossimità fisica in contesti sociali. La capacità di valutare la distanza interpersonale, di percepire i movimenti sottili e di interpretare la postura e il gesto, si basa fortemente su queste funzioni spaziali e percettive, sottolineando ulteriormente l'importanza dell'emisfero destro nella comunicazione non verbale.

In sintesi, l'emisfero destro del cervello svolge un ruolo insostituibile nella decodifica e nell'interpretazione dei segnali non verbali, offrendo le capacità cognitive e percettive necessarie per navigare il complesso mondo della comunicazione umana. La sua specializzazione nelle funzioni visuo-spaziali, emotive e prosodiche rende possibile una comunicazione ricca e sfumata, essenziale per le relazioni interpersonali e la coesione sociale.

Le connessioni tra emozioni ed espressioni facciali sono profondamente radicate nella neurologia umana, offrendo una finestra unica sulle nostre esperienze interiori attraverso segnali visibili e interpretabili. Questo legame intrinseco è sostenuto da una rete complessa di strutture cerebrali e meccanismi neurali che collaborano per produrre e decodificare le espressioni facciali, collegandole direttamente agli stati emotivi sottostanti.

Al cuore di questo processo si trova l'amigdala, una componente chiave del sistema limbico che gioca un ruolo cruciale nella valutazione delle emozioni e nella generazione di risposte emotive. L'amigdala riceve e analizza le informazioni sensoriali, comprese quelle provenienti dalle espressioni facciali, attivandosi in risposta a segnali emotivi significativi. Questa attivazione consente non solo di percepire le emozioni altrui ma anche di rispecchiarle, creando una sorta di risposta empatica che facilita la comprensione reciproca e la connessione sociale.

Il sistema dei neuroni specchio, distribuito in varie parti del cervello, inclusa la corteccia premotoria e l'area parietale inferiore, contribuisce ulteriormente a questo processo. Quando osserviamo le espressioni facciali degli altri, i neuroni specchio si attivano, riflettendo l'azione osservata come se la stessimo eseguendo noi stessi. Questo meccanismo non solo aiuta nella decodifica delle espressioni facciali altrui ma facilita anche la nostra capacità di empatizzare con le emozioni che queste espressioni rappresentano.

La corteccia prefrontale, in particolare l'area prefrontale ventromediale, svolge un ruolo essenziale nella regolazione delle emozioni e nella modulazione delle risposte emotive basate sul contesto sociale e personale. Quest'area del cervello aiuta a interpretare le espressioni facciali in modo appropriato, considerando il contesto e le norme sociali, e permette di agire in modo che sia congruente con le aspettative culturali e situazionali.

La produzione di espressioni facciali è altresì coordinata da un complesso sistema che coinvolge la corteccia motoria, responsabile del movimento dei muscoli facciali. La precisione con cui questi muscoli sono controllati permette la manifestazione di un'ampia gamma di emozioni, da quelle più sottili a quelle intensamente espressive. Questa capacità di esprimere visivamente le nostre emozioni consente agli altri di rispondere in modo appropriato, facilitando l'interazione e la comunicazione non verbale.

Le ricerche hanno dimostrato che certe espressioni facciali, come quelle che rappresentano emozioni di base quali la felicità, la tristezza, la paura, la sorpresa, il disgusto e la rabbia, sono universali e riconosciute attraverso diverse culture. Questa universalità suggerisce che le connessioni tra emozioni ed espressioni facciali sono profondamente radicate nella nostra evoluzione, servendo come strumenti essenziali per la comunicazione emotiva e la sopravvivenza sociale.

Attraverso la decodifica delle espressioni facciali, siamo in grado di navigare il complesso paesaggio delle interazioni umane, interpretando rapidamente e spesso istintivamente le intenzioni, le reazioni e gli stati d'animo degli altri. Questo sistema di comunicazione non verbale, supportato dalla nostra neurologia, enfatizza l'importanza delle espressioni facciali come ponti vitali tra l'esperienza emotiva interna e il mondo esterno, permettendoci di condividere, comprendere e rispondere alle esperienze emotive altrui.

L'effetto degli ormoni sulla comunicazione non verbale costituisce un ambito di studio affascinante che getta luce sull'intreccio tra biologia e comportamento umano. Gli ormoni, sostanze chimiche prodotte dalle ghiandole endocrine, agiscono come messaggeri che influenzano una vasta gamma di funzioni corporee, inclusi stati emotivi e comportamenti sociali. Questa influenza ormonale si estende significativamente alla comunicazione non verbale, modulando la nostra capacità di inviare e ricevere segnali non verbali in maniera sottile ma profondamente impattante.

Tra gli ormoni più rilevanti in questo contesto figurano il testosterone, l'ossitocina, il cortisolo e gli estrogeni, ciascuno dei quali gioca ruoli distinti ma sovrapposti nella regolazione della comunicazione non verbale. Il testosterone, ad esempio, è spesso associato alla dominanza e all'aggressività; livelli più elevati di questo ormone possono intensificare comportamenti non verbali che esprimono potere e dominio, come una postura imponente e gesti assertivi. Al contrario, livelli più bassi di testosterone possono portare a una comunicazione non verbale meno dominante e più aperta o collaborativa.

L'ossitocina, conosciuta come l'ormone dell'attaccamento e della fiducia, influisce profondamente sulle nostre interazioni sociali, promuovendo comportamenti di accudimento e la formazione di legami sociali. Questo ormone può aumentare la tendenza a utilizzare segnali non verbali affettivi, come il contatto visivo prolungato, il tocco gentile e i sorrisi, facilitando così la connessione e la comprensione reciproca tra gli individui.

Il cortisolo, l'ormone dello stress, ha un effetto complesso sulla comunicazione non verbale. In situazioni di stress acuto, i livelli elevati di cortisolo possono portare a una comunicazione non verbale che riflette ansia o difesa, come il chiudersi in sé stessi, evitare il contatto visivo, o manifestare nervosismo attraverso gesti incontrollati. Questi segnali non verbali possono a loro volta influenzare la percezione e il comportamento altrui, a volte generando cicli di interazione negativi.

Gli estrogeni, oltre a regolare numerosi aspetti della fisiologia femminile, influenzano anche la comunicazione non verbale. Alcuni studi suggeriscono che le variazioni nei livelli di estrogeni possono modificare la sensibilità alle espressioni emotive altrui e potenzialmente intensificare l'uso di segnali non verbali che promuovono l'empatia e la connessione sociale.

La danza ormonale che si svolge all'interno del nostro corpo ha quindi un impatto diretto su come percepiamo e ci relazioniamo con il mondo esterno attraverso la comunicazione non verbale. Questi messaggeri chimici modellano in modo significativo il nostro comportamento, influenzando la gamma di segnali che inviamo e riceviamo, dalla postura e l'espressione facciale al tono di voce e al contatto visivo. La comprensione di come gli ormoni influenzano la comunicazione non verbale non solo arricchisce la nostra conoscenza della biologia umana ma apre anche la porta a nuove strategie per migliorare le nostre interazioni sociali, consentendoci di navigare il mondo sociale con maggiore consapevolezza e sensibilità.

L'analisi di studi di caso riguardanti lesioni cerebrali fornisce una prospettiva unica sull'importanza delle diverse aree cerebrali nell'interpretazione dei segnali non verbali. Tali studi hanno illuminato come specifici danni neurali possano influenzare drasticamente la capacità di comprendere e rispondere alla comunicazione non verbale, sottolineando il ruolo critico che il cervello svolge in queste funzioni.

Un caso emblematico è quello di pazienti con danni all'emisfero destro del cervello, particolarmente in aree coinvolte nell'elaborazione delle informazioni visive e spaziali. Questi individui spesso incontrano difficoltà nell'interpretare gesti, espressioni facciali e altri segnali non verbali, una condizione nota come agnosia sociale. Ad esempio, possono trovare sfidante riconoscere espressioni facciali di emozioni o interpretare il linguaggio del corpo, influenzando significativamente le loro interazioni sociali. Questi casi evidenziano come l'emisfero destro sia cruciale per elaborare e dare significato ai segnali non verbali che riceviamo dagli altri.

Un altro studio di rilievo coinvolge individui affetti da afasia, una condizione tipicamente risultante da lesioni alla regione di Broca, situata nell'emisfero sinistro. Nonostante l'afasia sia principalmente associata a difficoltà nella produzione del linguaggio verbale, alcuni pazienti mostrano anche problemi nell'uso e nell'interpretazione della comunicazione non verbale. Questo suggerisce che le aree del cervello coinvolte nel linguaggio possono avere un ruolo nell'elaborazione di segnali non verbali, sottolineando l'interconnessione tra comunicazione verbale e non verbale nel cervello.

Pazienti con lesioni all'amigdala presentano un altro studio di caso rilevante. Data l'importanza dell'amigdala nell'elaborazione delle emozioni, i pazienti con danni a questa struttura cerebrale possono mostrare difficoltà nel riconoscere le espressioni facciali di paura o altre emozioni intense. Questo deficit non solo compromette la loro capacità di interpretare adeguatamente i segnali emotivi non verbali ma può anche influenzare la loro risposta emotiva, rendendo più complesse le interazioni sociali.

Inoltre, casi di pazienti con lesioni alla corteccia prefrontale offrono insight sul ruolo di questa area nel modulare la nostra risposta ai segnali non verbali. La corteccia prefrontale è essenziale per la regolazione delle emozioni e per la presa di decisioni socialmente appropriate. I pazienti con danni in quest'area possono comportarsi in modo socialmente inappropriato o non riuscire a cogliere le sfumature della comunicazione non verbale, dimostrando come questa regione cerebrale contribuisca alla nostra capacità di navigare il mondo sociale.

Questi studi di caso illustrano vividamente come lesioni in specifiche aree del cervello possano alterare profondamente la capacità di un individuo di interpretare e rispondere ai segnali non verbali. La comprensione di questi casi non solo arricchisce la nostra conoscenza della neurologia della comunicazione non verbale ma fornisce anche informazioni preziose per lo sviluppo di strategie di riabilitazione e supporto per individui colpiti da tali lesioni, mirando a migliorare la loro qualità di vita e le capacità di interazione sociale.

CAPITOLO 3

DECIFRARE LE ESPRESSIONI FACCIALI

L'identificazione delle microespressioni e il loro significato rappresentano un capitolo affascinante nel campo della decodifica delle espressioni facciali, offrendo una comprensione più profonda delle dinamiche interpersonali che trascendono la comunicazione verbale. Le microespressioni sono brevi, involontarie espressioni facciali che si manifestano per una frazione di secondo, spesso senza che l'individuo ne sia consapevole. Queste espressioni fugaci possono rivelare emozioni nascoste o repressi, fornendo indizi preziosi sul vero stato emotivo di una persona.

A differenza delle espressioni facciali convenzionali, che possono essere controllate o mascherate, le microespressioni sono estremamente difficili da reprimere, poiché derivano da impulsi emotivi automatici e inconsci. La loro breve durata, tuttavia, rende la loro identificazione una sfida, richiedendo attenzione e pratica per essere efficacemente riconosciute e interpretate.

Le microespressioni sono classificate in base alle emozioni di base che rappresentano, tra cui felicità, tristezza, paura, sorpresa, disgusto, rabbia e disprezzo. Ogni microespressione si caratterizza per specifiche configurazioni dei muscoli facciali, che, se identificate correttamente, possono fornire insight immediati sulle emozioni vere di una persona, anche quando quest'ultima tenta di nasconderle. Ad esempio, un rapido sollevamento delle sopracciglia può indicare sorpresa, mentre una breve compressione delle labbra può segnalare disprezzo.

La capacità di riconoscere e interpretare le microespressioni ha implicazioni significative in numerosi campi, dalla psicologia clinica e forense alle negoziazioni aziendali e alla sicurezza nazionale. In contesti terapeutici, ad esempio, la capacità di identificare le microespressioni può aiutare i professionisti a comprendere meglio i sentimenti non espressi dei loro pazienti, facilitando un dialogo più aperto e una terapia più efficace. Nell'ambito della sicurezza, il riconoscimento delle microespressioni può aiutare a identificare individui che nascondono intenzioni malevole.

Il training per il riconoscimento delle microespressioni è diventato un'area di interesse crescente, con lo sviluppo di programmi specifici volti a migliorare la capacità degli individui di decodificare queste rapide espressioni. Questi programmi si basano sull'idea che, sebbene la capacità di riconoscere le microespressioni possa variare tra gli individui, con pratica e formazione adeguata, la maggior parte delle persone può imparare a identificarle con maggiore precisione.

L'importanza delle microespressioni nella comunicazione umana va oltre la semplice identificazione delle emozioni nascoste. La loro comprensione approfondisce la nostra empatia e la nostra capacità di connetterci con gli altri, permettendoci di rispondere in modo più sensibile e informato agli stati emotivi altrui. Questa profonda connessione emotiva può migliorare significativamente le relazioni interpersonali, la comprensione reciproca e la coesione sociale, enfatizzando il valore di andare oltre le parole per captare la vera essenza della comunicazione umana.

La correlazione tra emozioni genuine ed espressioni facciali rappresenta un aspetto fondamentale della comunicazione umana, rivelando la stretta interconnessione tra i nostri stati interiori e le manifestazioni esteriori. Questo legame intrinseco tra ciò che proviamo e come lo esprimiamo visivamente offre una finestra autentica sul mondo emotivo degli individui, enfatizzando l'importanza delle espressioni facciali come strumento di comunicazione non verbale profondamente radicato nella nostra evoluzione sociale e biologica.

Le espressioni facciali autentiche emergono come risposte naturali e immediate a stimoli emotivi, riflettendo un ampio spettro di sentimenti che vanno dalla gioia alla tristezza, dalla sorpresa alla paura, dal disgusto alla rabbia. Queste espressioni sono regolate da complessi meccanismi neurali che coordinano l'attività dei muscoli facciali, consentendo una rappresentazione visiva delle emozioni che è spesso riconosciuta in modo universale attraverso le culture. La ricerca di Paul Ekman, in particolare, ha evidenziato come certe espressioni facciali di emozioni fondamentali siano comuni a tutte le società umane, suggerendo una base biologica per la comunicazione emotiva.

Le espressioni facciali genuine sono caratterizzate da una serie di attributi distintivi che le differenziano dalle espressioni forzate o simulate. Ad esempio, le vere espressioni di felicità non solo coinvolgono il sollevamento degli angoli della bocca ma anche la contrazione dei muscoli intorno agli occhi, producendo le cosiddette "rughe della felicità". Questa complessità e sincronicità dei movimenti muscolari sono difficili da replicare in modo convincente, rendendo le espressioni genuine significativamente per chi le osserva.

La capacità di riconoscere e interpretare correttamente le espressioni facciali genuine ha implicazioni profonde per le relazioni interpersonali e la coesione sociale. Permette non solo di identificare e rispondere adeguatamente agli stati emotivi altrui, ma anche di costruire fiducia e intimità, elementi cruciali per legami sociali duraturi. Inoltre, la sensibilità alle espressioni facciali autentiche può avere un ruolo fondamentale in ambiti professionali come la psicologia, il lavoro sociale, la negoziazione e la risoluzione dei conflitti, dove la capacità di leggere accuratamente le emozioni è essenziale per il successo delle interazioni.

La società spesso richiede un certo grado di controllo emotivo o di "presentazione di sé", che può portare a discrepanze tra ciò che una persona prova veramente e ciò che sceglie di esprimere. Questa dinamica sottolinea l'importanza di sviluppare una sensibilità non solo verso le espressioni facciali manifeste ma anche verso i segnali più sottili e le microespressioni che possono indicare emozioni nascoste.

La comprensione della correlazione tra emozioni genuine ed espressioni facciali arricchisce la nostra capacità di comunicare e connetterci con gli altri, fornendo uno strumento essenziale per navigare la complessità delle interazioni umane. Questa conoscenza approfondisce la nostra empatia e sensibilità emotiva, consentendoci di rispondere in modo più autentico e significativo alle esperienze condivise.

Migliorare la propria capacità di lettura delle emozioni attraverso le espressioni facciali è un'abilità preziosa che può arricchire significativamente le interazioni sociali e professionali. La capacità di interpretare accuratamente ciò che gli altri stanno provando consente una comunicazione più empatica ed efficace. Esistono diverse tecniche che possono essere adottate per sviluppare e affinare questa competenza.

In primo luogo, la pratica dell'osservazione attenta è fondamentale. Dedicare tempo all'osservazione delle persone in vari contesti, notando come le loro espressioni facciali cambiano in risposta a diverse situazioni, può offrire insight preziosi. Questo non significa fissare gli altri in modo inappropriato, ma piuttosto prestare attenzione discreta durante le normali interazioni. Guardare film o spettacoli con l'audio disattivato può essere un ottimo esercizio per concentrarsi esclusivamente sulle espressioni facciali dei personaggi, cercando di interpretare la trama o i sentimenti dei personaggi basandosi solo su queste.

L'educazione emotiva è un'altra tecnica chiave. Ampliare la propria conoscenza e comprensione delle emozioni può migliorare la capacità di riconoscerle negli altri. Ciò include familiarizzare con la teoria delle emozioni e studiare il linguaggio del corpo e le espressioni facciali attraverso risorse accademiche o workshop specializzati. Essere consapevoli delle sfumature tra emozioni simili ma distinte, come frustrazione e rabbia, può affinare ulteriormente la capacità di lettura.

L'allenamento con le microespressioni è un aspetto specifico dell'educazione emotiva che merita particolare attenzione. Utilizzare software o corsi online progettati per riconoscere e interpretare le microespressioni può migliorare notevolmente la capacità di catturare queste rapide fugaci indicazioni delle emozioni vere di una persona. Questi strumenti spesso offrono esercizi pratici che aiutano a identificare microespressioni in tempo reale, potenziando l'abilità di lettura emotiva.

Praticare l'ascolto attivo durante le conversazioni è cruciale. Questo non solo include prestare attenzione a ciò che viene detto, ma anche osservare come viene detto. Notare le discrepanze tra le parole e le espressioni facciali può offrire indizi sulle emozioni non espresse verbalmente. Chiedere chiarimenti o esprimere curiosità su questi scostamenti può approfondire la comprensione reciproca e rafforzare la connessione.

L'autoconsapevolezza gioca un ruolo importante nel migliorare la capacità di lettura delle emozioni. Riflettere sulle proprie reazioni emotive e sulle espressioni facciali in varie situazioni può aiutare a comprendere meglio come gli altri potrebbero esprimere sentimenti simili. Questo include anche riconoscere e gestire i propri pregiudizi che potrebbero influenzare l'interpretazione delle espressioni facciali altrui.

Migliorare la capacità di leggere le emozioni attraverso le espressioni facciali è un processo che richiede tempo, pazienza e pratica. Tuttavia, l'impegno in queste tecniche non solo migliora la comunicazione e le relazioni, ma arricchisce anche la comprensione della natura umana, aprendo la porta a interazioni più significative ed empatiche.

L'influenza del contesto sull'interpretazione delle espressioni facciali è un aspetto fondamentale che arricchisce la nostra comprensione della comunicazione non verbale. Le espressioni facciali non esistono in un vuoto; piuttosto, il loro significato può variare drasticamente a seconda delle circostanze in cui sono osservate. Questo concetto enfatizza l'importanza di considerare il contesto sociale, culturale ed emotivo per decifrare accuratamente ciò che un individuo sta comunicando attraverso il suo linguaggio facciale.

Il contesto sociale gioca un ruolo cruciale nell'interpretazione delle espressioni facciali. Ad esempio, un sorriso in un ambiente rilassato tra amici può esprimere gioia e divertimento, mentre lo stesso sorriso in un contesto professionale formale potrebbe essere interpretato come cortesia o imbarazzo. Pertanto, comprendere la situazione sociale in cui si trova una persona è essenziale per attribuire il corretto significato alle sue espressioni facciali.

Analogamente, il contesto culturale influenza profondamente la lettura delle espressioni facciali. Diverse culture possono avere norme diverse per l'espressione e l'interpretazione delle emozioni. In alcune culture, ad esempio, mostrare apertamente la rabbia è considerato inaccettabile; quindi, le persone potrebbero cercare di nascondere questa emozione dietro espressioni più neutre o socievoli. Senza una comprensione del contesto culturale, è facile fraintendere le intenzioni e le emozioni di una persona.

Il contesto emotivo è altrettanto importante. La storia emotiva e la relazione tra l'osservatore e l'individuo possono influenzare significativamente come vengono interpretate le espressioni facciali. Una persona che conosce bene un'altra potrebbe essere in grado di riconoscere e interpretare sottili sfumature nelle espressioni facciali che un estraneo potrebbe non notare. Questo perché la familiarità fornisce un contesto emotivo più ricco che può informare l'interpretazione delle espressioni.

Le circostanze che circondano un'espressione facciale

possono alterarne il significato. Ad esempio, le lacrime possono indicare tristezza in un contesto, ma in un altro possono essere lacrime di gioia. Senza considerare gli eventi o le circostanze che hanno portato all'espressione, si può facilmente giungere a conclusioni errate sull'emozione sottostante.

L'interpretazione delle espressioni facciali è influenzata dal contesto comunicativo più ampio, che include il linguaggio verbale, il tono della voce e il linguaggio del corpo. Le parole pronunciate contemporaneamente a un'espressione facciale possono confermare, modificare o contraddire il messaggio non verbale. Pertanto, è essenziale integrare tutte queste fonti di informazione per ottenere una comprensione completa dell'intenzione comunicativa di una persona.

Tale contesto è un fattore determinante nell'interpretazione delle espressioni facciali, sottolineando la complessità della comunicazione umana. Una valutazione accurata richiede la considerazione di molteplici fattori contestuali per cogliere veramente il significato dietro le espressioni facciali, rafforzando così la nostra capacità di connessione e comprensione reciproca.

Il ruolo dell'empatia nello svelare le emozioni nascoste è centrale nella decodifica efficace delle espressioni facciali. L'empatia, la capacità di percepire e condividere i sentimenti di un'altra persona, funge da ponte tra la semplice osservazione delle espressioni facciali e la comprensione profonda delle emozioni sottostanti. Questa connessione empatica permette non solo di riconoscere le emozioni manifeste, ma anche di intuire quelle meno evidenti, spesso celate dietro maschere socialmente accettabili o tentativi di nascondere i propri veri sentimenti.

L'empatia si manifesta in due forme principali: cognitiva ed emotiva. L'empatia cognitiva si riferisce alla capacità di comprendere intellettualmente lo stato emotivo di un'altra persona, mentre l'empatia emotiva implica una condivisione più profonda e personale di queste emozioni. Entrambe sono fondamentali per interpretare accuratamente le espressioni facciali, poiché permettono non solo di riconoscere un'emozione, ma anche di apprezzarne la complessità e il contesto.

Attraverso l'empatia, è possibile percepire le sfumature nelle espressioni facciali che potrebbero sfuggire a un osservatore meno sensibile. Per esempio, l'attenzione empatica può rivelare la tristezza celata dietro un sorriso forzato o l'ansia nascosta in un'espressione apparentemente calma. Questa capacità di leggere tra le linee arricchisce significativamente la comunicazione, permettendo una risposta più adeguata e supportiva alle esigenze emotive altrui.

Sviluppare empatia richiede pratica e riflessione. Ascoltare attivamente, cercando di comprendere veramente la prospettiva altrui senza giudizio, è un passo cruciale. Questo include fare domande aperte che incoraggiano la condivisione, validare i sentimenti espressi e riflettere su come si potrebbe sentire nella stessa situazione. Tali pratiche non solo migliorano la capacità di leggere le emozioni altrui, ma rafforzano anche i legami interpersonali.

Riconoscere e comprendere le proprie emozioni permette di relazionarsi meglio a quelle degli altri. Questo processo di introspezione può anche aiutare a identificare eventuali pregiudizi o barriere che potrebbero ostacolare una piena connessione empatica, permettendo una comunicazione più aperta e genuina.

L'empatia facilita anche il riconoscimento delle microespressioni e di altri segnali non verbali sottili. Poiché queste brevi manifestazioni emotive sono spesso involontarie, una sintonizzazione empatica può essere particolarmente utile nel catturarle e interpretarle correttamente. Questo livello di sensibilità empatica arricchisce la comprensione delle dinamiche emotive in gioco, offrendo la possibilità di rispondere in modo che rispetti e supporti veramente l'esperienza emotiva dell'altro.

L'empatia è una forza potente nello svelare le emozioni nascoste dietro le espressioni facciali. Agendo come una lente che affina la percezione delle sfumature emotive, l'empatia permette una comprensione più profonda e autentica delle esperienze altrui. Questa profonda connessione emotiva non solo migliora la decodifica delle espressioni facciali, ma arricchisce anche ogni aspetto della comunicazione umana, promuovendo relazioni più significative e compassionevoli.

CAPITOLO 4

LA POSTURA E IL POSIZIONAMENTO

'analisi delle diverse posture e le loro interpretazioni offre uno spaccato intrigante sulle comunicazioni non verbali che emaniamo costantemente, talvolta senza nemmeno rendercene conto. La postura, intesa come il modo in cui teniamo il nostro corpo quando stiamo in piedi, seduti o camminando, comunica molto del nostro stato interno, delle nostre intenzioni e dei nostri atteggiamenti verso le persone e le situazioni che ci circondano.

Il potere del respiro risiede nella sua capacità di agire come un ponte tra la mente e il corpo, influenzando direttamente il sistema nervoso. Quando ci concentriamo consapevolmente sul nostro respiro, incoraggiamo il corpo a passare dall'attivazione del sistema nervoso simpatico, responsabile della risposta di "lotta o fuga", all'attivazione del sistema nervoso parasimpatico, che promuove il riposo e la digestione.

Questo cambiamento fisiologico porta a una diminuzione della frequenza cardiaca, a un abbassamento della pressione sanguigna e a una riduzione dei livelli di stress, creando uno stato di calma e rilassamento.

Una postura eretta e aperta, ad esempio, è universalmente riconosciuta come un segno di sicurezza e apertura. Quando qualcuno sta diritto, con le spalle indietro e il petto in fuori, trasmette un senso di fiducia in sé e disponibilità a impegnarsi con gli altri. Questa postura non solo è percepita positivamente da chi osserva, ma può anche avere un effetto rinvigorente sulla persona stessa, aumentando i suoi livelli di sicurezza.

Al contrario, una postura chiusa, con le braccia incrociate sul petto o il corpo curvato in avanti, può indicare difesa, insicurezza o riluttanza. Questo tipo di postura può creare una barriera invisibile tra l'individuo e gli altri, segnalando un desiderio di protezione o distanza. È interessante notare come, in contesti di stress o incertezza, le persone tendano spesso a adottare posture chiuse come meccanismo di autoprotezione.

La postura seduta rivela altrettanto le nostre predisposizioni emotive e psicologiche. Sedersi sul bordo della sedia, per esempio, può indicare interesse e prontezza, quasi come se la persona fosse pronta ad alzarsi in qualsiasi momento. Questo può essere particolarmente evidente in contesti professionali durante riunioni o colloqui, dove mostrare interesse e coinvolgimento è cruciale. D'altro canto, appoggiarsi indietro sulla sedia con le braccia aperte può suggerire rilassatezza e apertura, ma anche superiorità o dominanza a seconda del contesto.

Il posizionamento delle gambe e dei piedi fornisce ulteriori indizi sullo stato emotivo e sulle intenzioni di una persona. Il crossing delle gambe, specialmente quando il piede superiore oscilla, può indicare una forma di nervosismo o impazienza. Tuttavia, quando le gambe sono incrociate e il corpo è orientato verso un'altra persona, questo può segnalare interesse e coinvolgimento verso l'interlocutore.

È fondamentale riconoscere che la cultura gioca un ruolo significativo nell'interpretazione delle posture. Ciò che in una cultura può essere considerato un segno di rispetto e attenzione, in un'altra potrebbe essere interpretato come distacco o mancanza di interesse. La consapevolezza culturale diventa quindi essenziale per interpretare correttamente i segnali posturali in un contesto globale.

Le posture, quindi, sono una forma di linguaggio non verbale estremamente espressiva, che trasmette messaggi complessi e sfumati sulle nostre emozioni, atteggiamenti e intenzioni. La capacità di leggere e interpretare correttamente queste posture può migliorare significativamente la nostra comprensione degli altri, facilitando comunicazioni più efficaci e relazioni interpersonali più armoniose. Osservare attentamente la postura, insieme ad altri segnali non verbali, ci consente di percepire e rispondere meglio al mondo emotivo e psicologico delle persone che ci circondano, arricchendo la nostra interazione e connessione con loro.

La postura ha un impatto significativo sulla percezione di fiducia e apertura, giocando un ruolo cruciale nel modo in cui gli individui vengono percepiti dagli altri nelle interazioni sociali e professionali. Una postura aperta e rilassata può comunicare sicurezza in sé stessi, disponibilità al dialogo e accettazione, influenzando positivamente la dinamica delle relazioni interpersonali.

Quando si parla di fiducia, la postura eretta con spalle all'indietro e testa alta è spesso interpretata come un segnale di autoefficacia e sicurezza. Questa disposizione non solo trasmette un senso di controllo e competenza, ma può anche influenzare positivamente lo stato d'animo dell'individuo, conferendo maggior senso di sicurezza interiore. Studi nel campo della psicologia sociale hanno dimostrato che adottare posture che occupano più spazio, note come posture di potere, può aumentare i livelli di testosterone e diminuire quelli di cortisolo, l'ormone dello stress, migliorando così il benessere psicologico e la performance in situazioni di stress come colloqui di lavoro o presentazioni pubbliche.

L'apertura, d'altra parte, è spesso veicolata attraverso

una postura che non ostacola la visuale del corpo con le braccia o gli oggetti, invitando così alla comunicazione. Mantenere le braccia aperte o posizionate ai lati del corpo, piuttosto che incrociate sul petto, può suggerire disponibilità e interesse verso l'interlocutore. Analogamente, orientare il torso e i piedi verso la persona con cui si sta comunicando indica attenzione e coinvolgimento, rafforzando un senso di apertura e accoglienza.

La postura seduta offre ulteriori indizi sulla percezione di fiducia e apertura. Sedersi diritti, ma in modo rilassato, con le mani visibili e le gambe in una posizione neutra, comunica equilibrio tra sicurezza e accessibilità. In contrasto, sedersi sul bordo della sedia con il corpo inclinato in avanti può indicare un elevato interesse e prontezza all'azione, ma se eccessivo, potrebbe anche trasmettere ansia o eccessiva impazienza.

È importante notare come la percezione di fiducia e apertura non derivi unicamente dalla postura in sé, ma anche dal contesto in cui questa viene osservata e dall'allineamento tra segnali verbali e non verbali. Una postura che suggerisce fiducia ma è accompagnata da un tono vocale incerto o da esitazioni nel discorso può creare confusione o dubbi sull'autenticità dell'autoefficacia proclamata. Allo stesso modo, un'eccessiva apertura posturale in contesti in cui si richiede riservatezza o formalità può essere interpretata come mancanza di professionalità o di consapevolezza sociale.

La postura è una componente chiave della comunicazione non verbale che ha un profondo impatto sulla percezione di fiducia e apertura. Essere consapevoli di come la propria postura possa essere interpretata dagli altri e saperla adattare alle diverse situazioni può migliorare notevolmente l'efficacia delle interazioni sociali, permettendo di navigare il complesso tessuto delle relazioni umane con maggiore sicurezza ed empatia.

L'importanza del linguaggio del corpo nel contesto della leadership e dell'autorità è indiscutibile, rappresentando un fattore chiave che può influenzare la percezione della competenza, del carisma e dell'affidabilità di un leader. Attraverso la postura, i gesti e il posizionamento generale, i leader comunicano non solo il loro stato d'animo e le loro intenzioni, ma anche la loro capacità di guidare, motivare e ispirare fiducia.

Una postura eretta e sicura è fondamentale per trasmettere autorità e professionalità. I leader efficaci tendono a occupare lo spazio intorno a loro in modo assertivo, ma non aggressivo, utilizzando la postura per proiettare fiducia senza sembrare prepotenti. Questo equilibrio nella postura comunica apertura e accessibilità, incoraggiando gli altri a condividere idee e preoccupazioni, mentre mantiene il rispetto e l'ammirazione.

I gesti svolgono anche un ruolo cruciale nella comunicazione non verbale del leader. L'utilizzo di gesti aperti e inclusivi può rafforzare i messaggi verbali, migliorare la chiarezza della comunicazione e aumentare l'engagement dell'auditorio. D'altro canto, i gesti chiusi o minacciosi possono creare distanza o antagonismo, erodendo la fiducia e l'autorità percepita.

Il contatto visivo è un altro aspetto significativo del linguaggio del corpo nella leadership. Mantenere un contatto visivo equilibrato trasmette sincerità, fiducia e rispetto per gli interlocutori. Un leader che evita il contatto visivo può sembrare insicuro o disinteressato, mentre un contatto visivo troppo intenso può essere percepito come dominante o intimidatorio. Trovare il giusto equilibrio nel contatto visivo è essenziale per stabilire un rapporto autentico con i membri del team o gli stakeholder.

La prossimità fisica e il posizionamento rispetto agli altri sono aspetti del linguaggio del corpo che influenzano la dinamica di potere e autorità. Un leader che sa quando avvicinarsi per condividere uno spazio comune e quando mantenere una distanza rispettosa può navigare efficacemente le complessità delle relazioni interpersonali, promuovendo un ambiente di lavoro coeso e rispettoso.

La coerenza tra il linguaggio del corpo e la comunicazione verbale è fondamentale per mantenere l'integrità e l'autenticità del messaggio di un leader.

Discrepanze tra ciò che viene detto e i segnali non verbali inviati possono seminare dubbi sulla sincerità e compromettere la fiducia. Un leader che esprime ottimismo mentre mostra una postura chiusa e preoccupata potrebbe non convincere il suo team della veridicità del suo messaggio.

Il linguaggio del corpo, quindi, è un elemento inscindibile dalla leadership efficace, influenzando profondamente come un leader viene percepito e, di conseguenza, la sua capacità di guidare con successo. La consapevolezza e la gestione attenta del proprio linguaggio del corpo non solo rafforzano l'autorità e il carisma di un leader, ma facilitano anche la costruzione di relazioni solide, basate sulla fiducia reciproca e sul rispetto. Questa competenza non verbale arricchisce il repertorio comunicativo del leader, permettendogli di navigare le sfide della leadership con maggiore sicurezza e impatto.

La relazione tra postura e salute è un tema di crescente interesse, riflettendo come la nostra posizione fisica non influisca solo sulla percezione esterna e sulla comunicazione, ma anche sul nostro benessere personale. Una buona postura sostiene non solo una presentazione visiva positiva ma contribuisce anche a mantenere la salute fisica e mentale, incidendo sulla qualità della nostra vita quotidiana e sulla nostra capacità di interagire efficacemente con gli altri.

Dal punto di vista fisico, mantenere una postura corretta è cruciale per prevenire dolori e disturbi muscolo-scheletrici. Una postura scorretta può portare a tensioni muscolari, mal di schiena, dolori al collo e altre complicanze che possono limitare la mobilità e ridurre la qualità della vita. Inoltre, una postura inadeguata può influire negativamente sulla respirazione e sulla circolazione, compromettendo l'efficienza dei sistemi corporei e peggiorando la fatica. Adottare una postura corretta, al contrario, aiuta a distribuire il peso corporeo in modo equilibrato, riducendo lo stress su muscoli e articolazioni e favorendo un funzionamento ottimale dell'organismo.

Sul piano della comunicazione, la postura assume un ruolo altrettanto significativo. Una postura aperta e rilassata può facilitare l'interazione sociale, trasmettendo messaggi di apertura, fiducia e disponibilità. Questo non solo migliora la qualità delle relazioni interpersonali ma anche la propria immagine agli occhi degli altri, potenziando la percezione di sicurezza e competenza. Al contrario, una postura chiusa o incurvata può inviare segnali di insicurezza, difesa o disinteresse, ostacolando la comunicazione efficace e influenzando negativamente le dinamiche sociali.

Dal punto di vista psicologico, la postura ha un impatto diretto sul nostro stato d'animo e sulla nostra autostima. Studi hanno dimostrato che adottare posture che esprimono potere e sicurezza può effettivamente aumentare la sensazione di autostima e ridurre i livelli di stress. Questo effetto bidirezionale tra postura e psicologia sottolinea come il linguaggio del corpo non solo comunichi stati emotivi agli altri, ma influenzi anche come ci sentiamo internamente.

L'adozione di una buona postura, quindi, va oltre il semplice aspetto fisico, toccando dimensioni psicologiche e sociali del benessere. Incoraggiare abitudini posturali positive può essere realizzato attraverso l'esercizio fisico regolare, la consapevolezza corporea e, se necessario, la consultazione di specialisti come fisioterapisti o chiropratici. Questi approcci non solo migliorano la salute fisica ma arricchiscono anche la capacità di interagire in modo aperto e autentico con il mondo circostante.

In questo contesto, la postura emerge come un elemento chiave della nostra esistenza quotidiana, intrecciando la salute fisica con la qualità delle nostre interazioni sociali. Prendersi cura della propria postura significa quindi nutrire il proprio benessere a tutto tondo, promuovendo una vita più sana, più felice e socialmente ricca. Questa consapevolezza ci invita a considerare la postura non solo come un aspetto fisico da correggere ma come una componente integrale della nostra espressione personale e del nostro benessere complessivo.

Migliorare la postura e la presenza richiede dedizione e pratica regolare. Gli esercizi specifici possono aiutare non solo a rafforzare i muscoli coinvolti nel mantenimento di una buona postura, ma anche a incrementare la consapevolezza corporea, essenziale per proiettare sicurezza e autorevolezza. Ecco alcuni esercizi efficaci per promuovere una postura corretta e migliorare la propria presenza.

Esercizio del muro: Questo esercizio aiuta a riallineare la postura, garantendo che testa, spalle, glutei e talloni tocchino il muro. Stando in piedi con la schiena contro un muro, i piedi leggermente distanti, spingere delicatamente la parte bassa della schiena verso il muro. Mantenere questa posizione per alcuni secondi, ripetendo l'esercizio più volte. Questo aiuta a sviluppare la consapevolezza di una postura eretta.

Stretching del petto: L'uso eccessivo di dispositivi elettronici può portare a una postura curva, con le spalle arrotondate in avanti. Lo stretching del petto apre la parte anteriore del corpo, contrastando questa tendenza. In piedi o seduti, portare le mani dietro la schiena, intrecciare le dita e sollevare le braccia, allungando il petto. Mantenere per 15-30 secondi e ripetere.

Rafforzamento della muscolatura dorsale: Esercizi come il "bird dog" aiutano a rafforzare la schiena e il core, essenziali per una buona postura. Iniziare a quattro zampe, con le mani sotto le spalle e le ginocchia sotto i fianchi. Estendere contemporaneamente il braccio destro in avanti e la gamba sinistra all'indietro, mantenendo il corpo il più stabile possibile. Ripetere dall'altra parte.

Angeli della parete: Questo esercizio migliora la mobilità delle spalle e rafforza i muscoli della schiena. Stando con la schiena contro un muro, posizionare i piedi a qualche centimetro di distanza dal muro. Sollevare le braccia lateralmente con i gomiti piegati a 90 gradi, toccando il muro con gomiti e dorso delle mani. Muovere lentamente le braccia su e giù, mantenendo il contatto con il muro.

Esercizio del ponte: Mirato al rafforzamento dei glutei e del core, l'esercizio del ponte supporta anche una postura corretta. Sdraiarsi sulla schiena con le ginocchia piegate e i piedi appoggiati a terra. Sollevare i fianchi verso il soffitto, stringendo i glutei e mantenendo la schiena dritta. Tenere la posizione per alcuni secondi, poi abbassare lentamente.

Pratica dello yoga e del Pilates: Entrambe queste discipline enfatizzano la consapevolezza corporea, la forza del core e la flessibilità, tutte componenti chiave per mantenere una buona postura. Posizioni come il "guerriero", il "ponte" e la "plancia" in yoga, così come gli esercizi di allineamento nel Pilates, possono migliorare significativamente la postura e la presenza.

Integrare questi esercizi nella routine quotidiana può fare una grande differenza nella percezione della propria postura e presenza. Oltre a promuovere il benessere fisico, una buona postura può migliorare l'autostima e l'efficacia nella comunicazione, rafforzando la propria immagine agli occhi degli altri. La chiave è la costanza e l'attenzione alla propria postura durante tutto il giorno, non solo durante l'esercizio.

CAPITOLO 5

I GESTI E I MOVIMENTI: IL VOCABOLARIO DEL CORPO

I corpo umano parla un linguaggio universale attraverso i gesti e i movimenti, un vocabolario non verbale ricco di sfumature e significati. Questi segnali corporei possono variare ampiamente nel loro significato a seconda del contesto culturale, sociale e personale in cui vengono eseguiti. Un catalogo dei gesti comuni offre una panoramica di come movimenti simili possano essere interpretati in modi diversi, riflettendo la complessità della comunicazione umana.

Il gesto dell'occhiolino: In alcune culture, l'occhiolino è un segnale di complicità o flirt, un modo leggero e giocoso per indicare interesse o condividere un segreto. Tuttavia, in altri contesti, può essere considerato irrispettoso o addirittura offensivo, una violazione delle norme di decoro.

Il pollice in su: Comunemente riconosciuto come un

segno di approvazione o accordo in molte parti del mondo, il pollice in su può tuttavia assumere connotazioni negative in alcuni paesi del Medio Oriente, dove può essere interpretato come un gesto volgare o offensivo.

Incrociare le braccia sul petto: Spesso interpretato come un segno di chiusura, difesa o resistenza, incrociare le braccia può indicare che una persona non è aperta al dialogo o si sente a disagio. D'altro canto, per alcuni, può semplicemente essere una posizione comoda o un modo per riscaldarsi quando fa freddo.

Il tocco del viso: Toccare il proprio viso, in particolare naso o bocca, durante una conversazione può essere visto come un segno di nervosismo o insicurezza. In ambito forense, è talvolta interpretato come indicativo di disonestà. Tuttavia, può anche essere un gesto assolutamente innocuo, legato alla riflessione o alla semplice abitudine.

Il segno della Vittoria o della Pace: Mostrare il palmo della mano con l'indice e il medio alzati a formare una

"V" è un gesto che, a seconda dell'orientamento della mano, può significare "vittoria" o "pace". Tuttavia, se il dorso della mano è rivolto verso qualcuno in alcuni paesi del Commonwealth, il gesto può diventare un insulto.

Applauso: Generalmente interpretato come un segno di approvazione, entusiasmo o supporto, l'applauso è un gesto di apprezzamento universale. Tuttavia, il modo in cui viene eseguito - per esempio, l'entusiasmo o la riluttanza nell'applaudire - può trasmettere messaggi aggiuntivi sul livello di sincerità dell'apprezzamento.

Il segno del silenzio: Portare l'indice sulle labbra è comunemente riconosciuto come un invito a fare silenzio o a mantenere un segreto. Nonostante la sua apparente universalità, l'intensità e il contesto del gesto possono alterarne la percezione, da una richiesta gentile a un comando autoritario.

Questo catalogo di gesti evidenzia come il significato attribuito ai movimenti del corpo possa essere influenzato da una varietà di fattori, rendendo la comunicazione non verbale un campo ricco di potenziali malintesi ma anche di profonde connessioni interpersonali. La comprensione dei gesti e dei loro significati variabili è quindi essenziale per navigare il paesaggio sociale, permettendo una comunicazione più efficace ed empatica. La consapevolezza e la sensibilità verso queste differenze possono arricchire le nostre interazioni, promuovendo un maggiore inteso e rispetto reciproco.

I gesti svolgono un ruolo fondamentale nella comunicazione efficace, agendo come strumenti potenti che possono arricchire, sottolineare o persino modificare il significato delle parole. Nella danza complessa della comunicazione umana, i gesti agiscono come espressioni visive del pensiero, intenzioni ed emozioni, giocando un ruolo cruciale nel modo in cui trasmettiamo e riceviamo messaggi. Ad esempio, un oratore che usa gesti delle mani per indicare dimensioni, direzioni o forme può facilitare la comprensione dell'ascoltatore, rendendo il messaggio più vivido e memorabile. Questa capacità di illustrare concetti astratti attraverso movimenti fisici concreti è particolarmente utile in situazioni educative o quando si presenta a un pubblico.

Inoltre, possono trasmettere informazioni aggiuntive che non vengono espresse verbalmente, offrendo indizi sulle vere emozioni o atteggiamenti della persona che parla. Un gesto involontario, come un rapido tocco al naso o l'attrito delle mani, può rivelare nervosismo, incertezza o eccitazione, fornendo uno strato più profondo di comprensione oltre le parole stesse. Questa capacità dei gesti di rivelare sentimenti non espressi verbalmente arricchisce la comunicazione, permettendo agli interlocutori di percepire sfumature emotive che potrebbero altrimenti rimanere nascoste.

I gesti hanno anche il potere di influenzare la dinamica di potere e l'autorità percepita in una conversazione. Gestire lo spazio con movimenti ampi può proiettare sicurezza e controllo, mentre gesti più contenuti possono essere interpretati come segni di timidezza o sottomissione. In contesti di leadership, l'uso consapevole dei gesti può quindi aiutare a stabilire credibilità e rispetto, nonché a motivare e ispirare gli altri.

Dal punto di vista interculturale, i gesti assumono una dimensione ancora più significativa. Poiché il significato attribuito ai gesti può variare enormemente tra le diverse culture, la consapevolezza e la sensibilità verso le convenzioni gestuali di altre culture sono essenziali per evitare malintesi e per comunicare rispettosamente in un contesto globale. Questa competenza interculturale nel linguaggio del corpo facilita la cooperazione internazionale e il rispetto reciproco.

I gesti possono svolgere un ruolo cruciale nel superare le barriere linguistiche, fungendo da forma universale di comunicazione quando le parole non sono condivise o comprese. In situazioni in cui la lingua verbale non è efficace, i gesti possono colmare il divario comunicativo, permettendo alle persone di trasmettere messaggi fondamentali attraverso azioni comprensibili a prescindere dal background linguistico.

La loro capacità di accompagnare, rafforzare e talvolta sostituire il linguaggio verbale evidenzia l'importanza di una comprensione olistica della comunicazione, in cui parole e gesti lavorano insieme per creare messaggi complessi e sfumati. L'abilità di utilizzare e interpretare i gesti in modo efficace può quindi migliorare notevolmente la qualità e l'efficacia della nostra comunicazione.

Le differenze culturali nei gesti costituiscono un aspetto affascinante della comunicazione umana, riflettendo la varietà e la ricchezza delle culture globali. Navigare attraverso queste differenze richiede sensibilità, consapevolezza e adattabilità, specialmente in un mondo sempre più interconnesso dove le interazioni interculturali sono comuni. Comprendere e rispettare il significato dei gesti in diverse culture può migliorare notevolmente la comunicazione, evitare malintesi e costruire relazioni più forti e rispettose.

Riconoscimento delle differenze culturali: Il primo passo per navigare efficacemente le differenze nei gesti è riconoscerne l'esistenza. Ad esempio, mentre il pollice in su è comunemente accettato come un segno di approvazione in molti paesi occidentali, può essere interpretato come offensivo in parti del Medio Oriente. Allo stesso modo, il segno della "V" con il palmo rivolto verso l'interno può essere visto come insultante nel Regno Unito, mentre con il palmo rivolto verso l'esterno simboleggia la pace o la vittoria in molte culture.

Educazione e ricerca: Prima di interagire in contesti interculturali, è utile informarsi sui gesti specifici e sui loro significati nelle culture di interesse. Questo può includere la ricerca su fonti affidabili, la partecipazione a workshop culturali o la consultazione con persone native o esperte della cultura in questione. L'educazione preventiva può prevenire il passo falso e facilitare comunicazioni più fluide e rispettose.

Osservazione attenta: Prestare attenzione al linguaggio del corpo e ai gesti delle persone con cui si interagisce può offrire indizi preziosi sulle norme culturali e sulle aspettative comportamentali. L'osservazione attenta consente anche di adattare il proprio comportamento non verbale in tempo reale, allineandosi meglio alle convenzioni culturali dell'interlocutore.

Chiedere quando in dubbio: Se incerti sul significato di un gesto o su come eseguirne uno correttamente, è sempre meglio chiedere. Farlo dimostra rispetto per la cultura altrui e un genuino interesse per l'apprendimento e la comprensione. La maggior parte delle persone apprezza la volontà di imparare e è felice di condividere aspetti della propria cultura.

Adattabilità e flessibilità: Essere pronti a adattare il proprio comportamento non verbale in base al contesto culturale è fondamentale. Ciò potrebbe significare limitare l'uso di determinati gesti che potrebbero essere mal interpretati o adottare nuove forme di espressione non verbale più in linea con le norme culturali locali.

Empatia e rispetto: Infine, ma non meno importante, è essenziale avvicinarsi alle interazioni interculturali con empatia e rispetto. Riconoscere che ogni cultura ha le proprie norme e valori unici, e trattare queste differenze con rispetto, è fondamentale per costruire relazioni positive e comunicare efficacemente.

Navigare le differenze culturali nei gesti richiede un

impegno costante verso l'apprendimento e l'adattamento. Tuttavia, gli sforzi per comprendere e rispettare le varie convenzioni gestuali possono arricchire enormemente le nostre interazioni, permettendoci di collegarci in modo più significativo con persone di tutto il mondo. Questa apertura e flessibilità nel linguaggio del corpo non solo facilitano la comunicazione ma promuovono anche un'atmosfera di inclusione e rispetto reciproco.

La psicologia dei gesti nervosi e dei tic rivela un'interessante intersezione tra la comunicazione non verbale e lo stato emotivo interno di un individuo. Questi comportamenti, spesso involontari, possono servire come finestra sulle tensioni interiori, ansie o emozioni repressi, offrendo indizi sottili sui processi psicologici sottostanti.

I gesti nervosi, come il gioco con oggetti, il tamburellare delle dita, o il toccarsi i capelli, sono comunemente manifestati in situazioni di stress, ansia o imbarazzo. Allo stesso modo, i tic, movimenti rapidi e ripetitivi di specifici gruppi muscolari, spesso emergono come risposte a tensioni psicologiche o emotive interne. Entrambi questi tipi di comportamenti non verbali non solo riflettono lo stato emotivo di un individuo ma possono anche influenzare la percezione di questa persona da parte degli altri.

Dal punto di vista psicologico, gesti nervosi e tic possono essere interpretati come strategie di coping, meccanismi di adattamento che le persone utilizzano per gestire o mitigare lo stress o l'ansia. Il tamburellare delle dita o il gioco con oggetti, per esempio, possono fornire una distrazione temporanea da sentimenti di disagio o possono servire come un modo per liberare tensione nervosa accumulata.

Questi comportamenti possono anche avere radici più profonde nelle esperienze passate di un individuo o nei modelli di apprendimento. Ad esempio, se una persona ha sperimentato un sollievo dall'ansia attraverso certi gesti nervosi in passato, è probabile che continui a ricorrere a questi comportamenti in situazioni simili come forma di autoconsolazione. Inoltre, i tic possono essere influenzati da fattori neurologici o genetici, suggerendo una complessità nella loro origine e manifestazione.

La percezione sociale di questi gesti nervosi e tic è un altro aspetto importante. Mentre in alcuni contesti possono essere visti come segni di vulnerabilità o insicurezza, in altri possono suscitare empatia o desiderio di supporto verso la persona che li manifesta. La chiave sta nella capacità degli osservatori di interpretare correttamente il contesto e le motivazioni dietro questi comportamenti non verbali.

Affrontare e gestire gesti nervosi e tic richiede un approccio olistico che consideri sia gli aspetti psicologici sia quelli comportamentali. Tecniche di riduzione dello stress, come la meditazione, l'esercizio fisico o la terapia, possono aiutare a diminuire l'incidenza di questi comportamenti. Allo stesso tempo, aumentare la consapevolezza di sé e sviluppare strategie di coping più efficaci può aiutare gli individui a gestire meglio le situazioni che innescano gesti nervosi o tic.

In ultima analisi, i gesti nervosi e i tic sono espressioni

non verbali che riflettono la complessità dell'esperienza umana, intrecciando aspetti psicologici, emotivi e sociali. Comprendere il loro significato e le loro origini può non solo migliorare la nostra capacità di comunicare in modo empatico e consapevole ma può anche offrire spunti preziosi per il sostegno e l'intervento psicologico.

L'utilizzo consapevole dei gesti nella comunicazione può trasformare significativamente l'efficacia del messaggio trasmesso, rafforzando l'interazione e migliorando la connessione con l'interlocutore. Sviluppare una consapevolezza dei propri gesti e imparare a impiegarli in modo strategico può aiutare a trasmettere chiarezza, autenticità e persuasione. Ecco alcune tecniche per integrare consapevolmente i gesti nella comunicazione.

Allineamento tra gesti e parole: Assicurarsi che i gesti siano in armonia con il messaggio verbale è fondamentale. I gesti devono sottolineare o enfatizzare ciò che viene detto, piuttosto che contraddirlo, per evitare di inviare messaggi ambigui o confusi. Praticare discorsi o presentazioni in anticipo può aiutare a sincronizzare i gesti con le parti chiave del messaggio.

Utilizzo di gesti aperti: I gesti aperti, come mostrare le palme delle mani o mantenere le braccia distese, comunicano onestà e disponibilità. Questi gesti possono favorire la fiducia e l'apertura da parte dell'interlocutore, creando un ambiente comunicativo più accogliente e positivo.

Controllo dello spazio personale: Essere consapevoli dello spazio personale, sia il proprio che quello dell'interlocutore, è cruciale nell'utilizzo dei gesti. Invadere lo spazio personale di qualcuno con gesti troppo invasivi può essere percepito come aggressivo o dominante. Mantenere una distanza rispettosa e usare gesti che non invadano questo spazio può migliorare la comodità e l'accettazione della comunicazione.

Moderazione e precisione: Mentre i gesti possono arricchire il messaggio, un eccesso può distrarre o confondere. È importante usare i gesti con moderazione, scegliendo quelli che aggiungono valore e precisione al messaggio piuttosto che sovraccaricarlo di informazioni non verbali superflue.

Riflessione e pausa: Integrare momenti di pausa nei quali i gesti sono minimali o assenti può dare enfasi a parti specifiche del discorso e permettere all'interlocutore di elaborare le informazioni. La riflessione consapevole su quando e come usare i gesti può rendere la comunicazione più efficace e intenzionale.

Adattabilità culturale: Riconoscere che il significato dei gesti può variare notevolmente tra le diverse culture è essenziale. Adattare l'uso dei gesti quando si comunica in contesti multiculturali può prevenire malintesi e mostrare rispetto per le norme culturali degli altri.

Pratica della consapevolezza corporea: Infine, sviluppare una maggiore consapevolezza del proprio corpo e dei propri movimenti attraverso pratiche come lo yoga, la meditazione o il teatro può migliorare la capacità di usare i gesti in modo più controllato ed espressivo. Questo tipo di pratica aiuta a coltivare una presenza fisica che comunica sicurezza e autenticità.

Imparare a utilizzare consapevolmente i gesti nella comunicazione richiede tempo, osservazione e pratica. Tuttavia, il risultato è una capacità comunicativa arricchita, capace di trasmettere messaggi in modo più dinamico, persuasivo e autentico. Questa abilità non solo migliora le interazioni quotidiane ma può anche avere un impatto significativo in contesti professionali, educativi e sociali, dove la chiarezza e l'efficacia della comunicazione sono fondamentali.

CAPITOLO 6

LO SPAZIO PERSONALE: TERRITORIALITÀ E INTIMITÀ

Lo spazio personale, un concetto chiave nella comunicazione non verbale, si riferisce alla distanza fisica che gli individui mantengono naturalmente tra loro durante le interazioni. Questa distanza invisibile, ma percepita, varia a seconda di numerosi fattori, tra cui le relazioni interpersonali, il contesto sociale, le norme culturali e le preferenze individuali. La sua importanza risiede nella capacità di influenzare profondamente come percepiamo e ci relazioniamo con gli altri, giocando un ruolo cruciale nella regolazione del comfort, della privacy e dell'intimità nelle interazioni umane.

La teoria dello spazio personale, introdotta negli anni '60 dallo psicologo Edward T. Hall, identifica diverse zone che caratterizzano le nostre interazioni: lo spazio intimo, personale, sociale e pubblico. Ognuna di queste zone corrisponde a diversi livelli di vicinanza e serve a diverse funzioni nelle relazioni umane. Lo spazio intimo è riservato alle persone più vicine, come partner e familiari stretti; lo spazio personale accoglie amici e conoscenti; lo spazio sociale è adatto alle interazioni formali o d'affari; e lo spazio pubblico è utilizzato per le comunicazioni con sconosciuti o in contesti più ampi.

Il rispetto dello spazio personale è fondamentale per mantenere l'armonia nelle relazioni interpersonali. Invadere lo spazio personale di qualcuno senza permesso può essere percepito come una violazione della privacy o un atto aggressivo, provocando disagio, ansia o addirittura ostilità. Al contrario, rispettare la distanza appropriata può favorire un senso di sicurezza e fiducia, consentendo una comunicazione più aperta e onesta.

La percezione dello spazio personale è altamente soggettiva e influenzata da vari fattori culturali. Ad esempio, in alcune culture, una maggiore vicinanza fisica è norma nelle interazioni sociali e segno di cordialità e calore. In altre culture, invece, si predilige mantenere una maggiore distanza, riflettendo valori di riservatezza e formalità. La consapevolezza di queste differenze culturali è essenziale per evitare malintesi e promuovere una comunicazione rispettosa ed efficace in contesti internazionali.

La regolazione dello spazio personale non si limita alla distanza fisica, ma include anche la postura, l'orientamento del corpo e il movimento. Ad esempio, orientare il corpo direttamente verso qualcuno in uno spazio ristretto può intensificare la percezione di vicinanza, mentre posizionarsi lateralmente può mitigare questa sensazione. Questi aspetti della comunicazione non verbale sono utilizzati, spesso inconsciamente, per regolare l'intimità e il comfort nelle interazioni.

La gestione dello spazio personale nelle interazioni quotidiane è un aspetto fondamentale della comunicazione non verbale, che riflette e modula la nostra relazione con gli altri. Comprendere e rispettare le preferenze individuali e culturali relative allo spazio personale può migliorare significativamente la qualità delle nostre interazioni, promuovendo relazioni più soddisfacenti e armoniose. La capacità di navigare con sensibilità attraverso questi aspetti della comunicazione umana testimonia la nostra comprensione e il nostro rispetto per la complessità delle dinamiche interpersonali.

Comprendere e rispettare le preferenze individuali e culturali relative allo spazio personale può migliorare significativamente la qualità delle nostre interazioni, promuovendo relazioni più soddisfacenti e armoniose. La capacità di navigare con sensibilità attraverso questi aspetti della comunicazione umana testimonia la nostra comprensione e il nostro rispetto per la complessità delle dinamiche interpersonali.

Le differenze culturali nello spazio personale rappresentano una sfida intrigante nella comunicazione interculturale, riflettendo la diversità di valori, norme e aspettative che caratterizzano le società umane. Queste differenze possono variare notevolmente da una cultura all'altra, influenzando come le persone interagiscono tra loro e come percepiscono il concetto di vicinanza e distanza nelle relazioni sociali. Adattarsi a queste variazioni richiede flessibilità, osservazione attenta e un approccio rispettoso.

In alcune culture, ad esempio quelle latino-americane o mediterranee, lo spazio personale tende ad essere più ridotto. Le interazioni fisiche, come abbracci e baci sulle guance, sono comuni anche tra conoscenti non stretti, riflettendo un valore collettivo di calore umano e connessione. Al contrario, nelle culture nordiche e in molte società asiatiche, si predilige una maggiore distanza fisica e un minor contatto diretto, valorizzando la privacy e il rispetto per lo spazio personale altrui.

Per adattarsi efficacemente a queste differenze culturali nello spazio personale, considerare i seguenti suggerimenti:

Ricerca e preparazione: Prima di interagire in un contesto culturale diverso, è utile informarsi sulle norme relative allo spazio personale e al contatto fisico. Questo può aiutare a evitare incomprensioni e a dimostrare rispetto per le convenzioni locali.

Osservazione e imitazione: Prestare attenzione a

come le persone della cultura ospitante gestiscono lo spazio personale nelle loro interazioni può fornire preziose indicazioni su come comportarsi. Adattare il proprio comportamento non verbale in base alle osservazioni può facilitare una comunicazione più fluida e rispettosa.

Chiedere se necessario: In caso di dubbio, non esitare a chiedere direttamente o a un mediatore culturale esperto su come navigare le questioni relative allo spazio personale. La maggior parte delle persone apprezzerà l'intenzione di rispettare le loro norme culturali.

Adattabilità: Essere pronti a adattare il proprio comportamento in base al contesto e alla situazione specifica. Ciò può includere modificare la distanza di interazione, il livello di contatto fisico e l'uso di gesti in base alle reazioni e ai feedback ricevuti.

Rispetto per il comfort altrui: Oltre a conformarsi alle norme culturali, è essenziale prestare attenzione al comfort individuale delle persone con cui si interagisce.

Se si percepisce disagio o resistenza, è importante rispettare questi segnali e adeguare il proprio comportamento di conseguenza.

Navigare le differenze culturali nello spazio personale richiede un equilibrio tra rispetto delle norme locali e attenzione alle preferenze individuali. Questa sensibilità e flessibilità non solo prevengono potenziali malintesi ma arricchiscono anche l'esperienza di comunicazione, consentendo di stabilire connessioni più profonde e significative con persone di diverse culture. Adottando un approccio aperto e informato, è possibile superare le barriere culturali nello spazio personale, promuovendo un dialogo interculturale basato sul rispetto e sull'empatia reciproci.

La gestione dello spazio personale varia significativamente tra i contesti professionali e personali, riflettendo le diverse aspettative, norme e livelli di intimità che caratterizzano queste due sfere della vita. La comprensione di come navigare lo spazio personale in ciascuna situazione è fondamentale per mantenere relazioni armoniose e per comunicare efficacemente, rispettando i confini altrui e garantendo il proprio comfort.

Nei contesti professionali, lo spazio personale assume una dimensione particolarmente critica, poiché incide sulla percezione di professionalità, rispetto e autorità. In genere, in ambiente lavorativo, viene mantenuta una distanza maggiore per sottolineare la formalità delle relazioni e per rispettare la privacy e l'indipendenza individuale. Questo distanziamento fisico aiuta a delineare i confini professionali, facilitando un ambiente di lavoro rispettoso e produttivo.

Le interazioni professionali spesso richiedono di operare nello spazio sociale, che varia tra i 120 cm e i 360 cm, permettendo una comunicazione faccia a faccia senza invadere lo spazio personale di nessuno. Riunioni, conferenze e colloqui di lavoro si svolgono tipicamente entro questa gamma di distanza, che consente di stabilire una connessione visiva efficace e di usare il linguaggio del corpo senza causare disagio.

Nei contesti personali, invece, le norme relative allo

spazio personale sono generalmente più flessibili, riflettendo il grado di familiarità e intimità tra gli individui. Amici stretti e familiari spesso condividono lo spazio intimo, che va da un contatto fisico diretto fino a circa 45 cm di distanza, permettendo forme di comunicazione più calde e personali, come abbracci, baci e sussurri.

La gestione dello spazio personale in questi contesti riflette il livello di comfort e fiducia reciproci, e può variare ampiamente a seconda delle preferenze individuali e delle relazioni specifiche. La capacità di leggere e rispettare i confini altrui, adattando la propria vicinanza fisica in base alle reazioni e ai segnali non verbali, è essenziale per costruire e mantenere relazioni personali soddisfacenti.

Adattarsi alle esigenze dei diversi contesti richiede sensibilità e flessibilità. In ambiente lavorativo, ad esempio, è importante essere consapevoli delle diverse culture aziendali e delle aspettative individuali riguardo allo spazio personale, che possono variare notevolmente. Allo stesso modo, nelle interazioni personali, è cruciale comunicare apertamente e ascoltare attivamente, assicurandosi che entrambe le parti si sentano a proprio agio con il livello di vicinanza fisica condiviso.

In conclusione, la gestione dello spazio personale, sia nei contesti professionali che personali, gioca un ruolo fondamentale nella comunicazione e nelle relazioni umane. Essere consapevoli delle norme e delle aspettative relative allo spazio personale, e saperle navigare con empatia e rispetto, può notevolmente migliorare la qualità delle nostre interazioni, promuovendo un senso di rispetto, comfort e connessione sia nel lavoro che nella vita privata.

Gestire le invasioni dello spazio personale rappresenta una sfida comune nelle interazioni quotidiane, richiedendo delicatezza e assertività per mantenere l'equilibrio tra il rispetto dei propri confini e la cortesia verso gli altri. La capacità di affrontare efficacemente queste situazioni può aiutare a preservare la propria comodità, senza compromettere le relazioni interpersonali.

Quando lo spazio personale viene invaso, la prima reazione può variare da disagio ad ansia, a seconda della gravità dell'invasione e del contesto in cui si verifica. È importante riconoscere e validare questi sentimenti come risposte naturali alla violazione dei propri confini personali.

Strategie per gestire le invasioni dello spazio personale:

Aumentare la consapevolezza corporea: Essere consapevoli della propria zona di comfort e dei segnali che il corpo invia quando si sente invaso può aiutare a identificare tempestivamente queste situazioni. Questa consapevolezza consente di agire prontamente per ripristinare il proprio spazio.

Comunicazione non verbale: Spesso, è possibile comunicare il proprio disagio attraverso segnali non verbali prima di ricorrere alla comunicazione verbale. Un passo indietro o l'adozione di una postura chiusa possono segnalare agli altri il desiderio di più spazio, in modo discreto ma efficace.

Espressione verbale diretta ma cortese: Se i segnali non verbali non sortiscono l'effetto desiderato, può essere necessario esprimere verbalmente il proprio bisogno di spazio. Farlo in modo diretto ma cortese, utilizzando frasi come "Mi sentirei più a mio agio se potessimo mantenere una distanza maggiore" può aiutare a comunicare le proprie esigenze senza offendere l'altra persona.

Adattamento del contesto: In alcune situazioni, può essere più facile modificare il proprio posizionamento o ambiente per gestire le invasioni dello spazio personale. Ad esempio, cambiare posto in una sala d'attesa affollata o riorientare la propria postazione di lavoro può fornire una soluzione pratica e non conflittuale.

Stabilire confini chiari: In contesti ripetuti o con persone con cui si interagisce regolarmente, è importante stabilire confini chiari riguardo allo spazio personale. Discutere apertamente delle proprie preferenze può prevenire future invasioni e migliorare la comprensione reciproca.

Pratica dell'assertività: Sviluppare la capacità di essere assertivi, rispettando i propri diritti e sentimenti senza calpestare quelli degli altri, è fondamentale. L'assertività permette di affrontare le invasioni dello spazio personale con fiducia, promuovendo relazioni sane e rispettose.

Gestire le invasioni dello spazio personale richiede un equilibrio tra la salvaguardia dei propri confini e la sensibilità verso le esigenze e le intenzioni altrui. Adottando un approccio proattivo e comunicativo, è possibile navigare queste situazioni con grazia, proteggendo il proprio benessere mentre si mantiene un ambiente interpersonale positivo e rispettoso. La chiave sta nel riconoscere il valore dello spazio personale, sia per sé stessi che per gli altri, e nell'impegnarsi a gestirlo in modo che favorisca l'armonia nelle interazioni quotidiane.

L'uso consapevole dello spazio personale può essere uno strumento potente per migliorare la comunicazione. Capire come navigare e utilizzare lo spazio intorno a noi può influenzare significativamente la dinamica delle nostre interazioni, sia nel contesto personale che professionale. La gestione dello spazio personale va oltre la semplice prevenzione delle invasioni; utilizzato strategicamente, può rafforzare i messaggi verbali, migliorare l'ascolto attivo e promuovere relazioni più profonde e significative.

Modulare la distanza per contestualizzare la comunicazione: La distanza che manteniamo durante una conversazione può inviare potenti segnali non verbali. Ad esempio, ridurre lo spazio personale in una conversazione amichevole può trasmettere calore e apertura, favorendo la connessione. Al contrario, mantenere o aumentare la distanza in contesti professionali o formali può comunicare rispetto e professionalità. Essere consapevoli del contesto e regolare di conseguenza la distanza fisica può migliorare la chiarezza e l'efficacia della comunicazione.

Utilizzare lo spazio per enfatizzare la comunicazione verbale: Il movimento nello spazio, come avvicinarsi leggermente per sottolineare un punto importante o fare un passo indietro per riflettere e dare spazio all'interlocutore, può accentuare il messaggio verbale. Questi cambiamenti nello spazio personale possono servire a rafforzare l'importanza di ciò che viene detto, rendendo la comunicazione più dinamica e coinvolgente.

Creare un ambiente favorevole all'ascolto attivo: La disposizione fisica degli individui in uno spazio può influenzare la qualità dell'ascolto e dell'interazione. Ad esempio, sedersi di fronte a qualcuno con una distanza adeguata favorisce l'attenzione reciproca e facilita l'ascolto attivo. Evitare barriere fisiche, come scrivanie o computer, può inoltre promuovere un'atmosfera di apertura e fiducia, essenziale per una comunicazione efficace.

Rispettare le preferenze individuali sullo spazio personale: Riconoscere e adattarsi alle preferenze individuali riguardo allo spazio personale può prevenire il disagio e costruire un senso di rispetto e considerazione. Chiedere implicitamente o esplicitamente il consenso prima di entrare nello spazio personale di qualcuno dimostra attenzione alle sue esigenze, rafforzando la comunicazione e il rapporto.

Navigare le differenze culturali: La comprensione delle variazioni culturali nello spazio personale è cruciale in un contesto globale. Essere flessibili e adattarsi alle norme dello spazio personale di culture diverse può evitare malintesi e promuovere interazioni interculturali rispettose ed efficaci.

L'uso dello spazio personale, quindi, è un elemento chiave della comunicazione non verbale che, se gestito con consapevolezza e sensibilità, può arricchire significativamente le nostre interazioni. La capacità di regolare la propria presenza fisica, rispettando al contempo le preferenze altrui, non solo migliora la qualità della comunicazione ma contribuisce anche a costruire relazioni basate sul rispetto, sull'empatia e sulla comprensione reciproca. Questa consapevolezza dello spazio personale, integrata con l'ascolto attivo e l'espressione verbale, costituisce la base per una comunicazione veramente efficace e coinvolgente.

CAPITOLO 7

I SEGNALI DI INGANNO E VERITÀ

Gli indicatori non verbali dell'inganno sono stati oggetto di numerosi studi nel campo della psicologia e della comunicazione interpersonale, offrendo spunti affascinanti su come le menzogne si manifestino attraverso il linguaggio del corpo e altri segnali non verbali. Sebbene non esista un segnale univoco che riveli con certezza una menzogna, alcuni comportamenti non verbali possono suggerire la possibilità di inganno.

Incongruenze nel linguaggio del corpo: Uno dei segnali più evidenti dell'inganno è la presenza di incongruenze tra ciò che viene detto verbalmente e il linguaggio del corpo. Ad esempio, un individuo che afferma di essere felice, ma mostra espressioni facciali di tristezza o preoccupazione, può indurre a sospettare che stia nascondendo i suoi veri sentimenti.

Aumento dei gesti di auto-conforto: Durante la

comunicazione ingannevole, le persone possono mostrare un aumento dei gesti di auto-conforto, come toccarsi il collo, giocare con gli oggetti o strofinarsi le mani. Questi gesti possono essere tentativi inconsci di calmare l'ansia o il disagio interni derivanti dal dire una menzogna.

Cambiamenti nella postura: La postura può cambiare significativamente quando una persona mente. Ad esempio, potrebbe adottare una posizione più chiusa, incrociando le braccia o le gambe, in un tentativo inconscio di proteggersi o di creare una barriera tra sé e l'interlocutore. Al contrario, una persona che cerca di sembrare eccessivamente rilassata o aperta potrebbe anche essere sospetta.

Variazioni nel contatto visivo: Il contatto visivo può diventare problematico durante l'inganno. Alcuni mentitori evitano il contatto visivo per paura che i loro occhi rivelino la menzogna, mentre altri possono mantenere un contatto visivo prolungato in un tentativo eccessivo di apparire sinceri. Entrambi i comportamenti estremi possono suscitare sospetti.

Ritardi o esitazioni nella risposta: Ritardi inusuali o esitazioni prima di rispondere possono indicare che una persona sta inventando o modificando una storia. Sebbene una pausa di riflessione possa essere normale, ritardi significativi o riempitivi verbali ("uh", "ehm") possono suggerire che il cervello sta lavorando per costruire una narrazione non veritiera.

Cambiamenti nella prosodia: La prosodia, ovvero il ritmo, il tono e il volume della voce, può subire variazioni quando una persona mente. La voce potrebbe diventare più alta, tremolante o monotona, riflettendo l'instabilità emotiva o la tensione interna.

È importante sottolineare che nessuno di questi indicatori da solo può confermare con certezza la presenza di inganno. Le persone variano notevolmente nel loro comportamento comunicativo, e fattori come la nervosità, l'ansia o la timidezza possono produrre segnali simili a quelli dell'inganno. Inoltre, alcuni individui possono essere particolarmente abili nel nascondere le loro menzogne, rendendo i segnali non verbali meno evidenti.

Pertanto, l'interpretazione degli indicatori non verbali dell'inganno richiede un'attenta considerazione del contesto, della coerenza dei segnali nel tempo e della conoscenza del comportamento abituale della persona. Una valutazione accurata di questi segnali, unita a un approccio olistico alla comunicazione, può tuttavia offrire intuizioni preziose sulle dinamiche sottostanti alle interazioni umane, contribuendo a svelare la complessità dell'inganno.

Identificare la verità in mezzo a possibili inganni richiede acume, osservazione attenta e spesso un approccio multidisciplinare. Diversamente dall'identificazione dell'inganno, che si concentra sui segnali di possibile menzogna, riconoscere la verità implica valutare l'autenticità e la coerenza di ciò che viene comunicato. Ecco alcune tecniche che possono aiutare a discernere la verità nelle interazioni quotidiane.

Valutazione della coerenza: Una narrazione veritiera tende ad essere coerente nel tempo. Anche quando ripetuta, i dettagli chiave rimangono costanti, poiché sono basati su eventi o esperienze reali. Ascoltare attentamente le storie per verificare la loro coerenza nel tempo può fornire indizi sulla loro veridicità. È utile porre domande specifiche in momenti diversi per vedere se la narrazione rimane inalterata.

Corrispondenza tra verbale e non verbale: Le comunicazioni autentiche mostrano una forte corrispondenza tra le parole pronunciate e i segnali non verbali. Quando le persone dicono la verità, i loro gesti, espressioni facciali e tono di voce tendono a rafforzare ciò che viene detto verbalmente. Osservare l'allineamento tra questi canali di comunicazione può offrire intuizioni sulla sincerità dell'interlocutore.

Ricerca di dettagli spontanei: Le narrazioni vere sono spesso arricchite da dettagli spontanei, che emergono naturalmente nel corso della conversazione. A differenza delle storie inventate, che possono sembrare mancare di profondità, le narrazioni autentiche contengono spesso elementi specifici e personali che sono difficili da fabbricare sul momento.

Ascolto attivo ed empatia: Praticare l'ascolto attivo, mostrando apertura ed empatia, può incoraggiare l'interlocutore a comunicare più liberamente e onestamente. Creare un ambiente in cui le persone si sentono ascoltate e comprese può ridurre la necessità di nascondere la verità e aumentare la probabilità di comunicazioni autentiche.

Analisi del contesto: Comprendere il contesto in cui le informazioni vengono condivise è essenziale per valutare la loro veridicità. Ciò include considerare le motivazioni potenziali dell'interlocutore, la situazione attuale e le dinamiche relazionali. Il contesto può influenzare notevolmente la presentazione delle informazioni e la loro interpretazione.

Confronto con fonti verificabili: Quando possibile, confrontare le affermazioni fatte con fonti esterne verificabili può aiutare a confermare la loro accuratezza. Questo può includere dati documentali, testimonianze di terze parti o altre forme di evidenza oggettiva.

Fiducia nella propria intuizione: Infine, fidarsi della

propria intuizione può essere un potente strumento nel discernere la verità. Sebbene l'intuizione debba essere bilanciata con un'analisi razionale, le sensazioni istintive su una persona o una situazione spesso emergono da sottili segnali non verbali o incongruenze percepite a livello subconscio.

Riconoscere la verità richiede una combinazione di attenzione ai dettagli, comprensione del contesto e, in alcuni casi, coraggio di fidarsi delle proprie percezioni. Attraverso la pratica e l'esperienza, è possibile affinare queste tecniche, migliorando la capacità di navigare la complessità delle interazioni umane con maggiore sicurezza e discernimento.

La psicologia dell'inganno e della sincerità svela le complesse dinamiche che governano la nostra capacità di mentire e di rivelare la verità. Questo intricato gioco psicologico non solo riflette i nostri processi mentali interni ma anche i valori sociali e culturali che definiscono la moralità e l'etica della comunicazione. Comprendere le radici psicologiche sia dell'inganno che della sincerità può offrire preziose intuizioni sul comportamento umano, sulla costruzione della fiducia e sulla gestione delle relazioni interpersonali.

Radici dell'Inganno: L'inganno può essere visto come una strategia di sopravvivenza, radicata nell'evoluzione umana per navigare le sfide sociali e ottenere vantaggi senza incorrere in conflitti diretti. Psicologicamente, mentire richiede la capacità di comprendere le prospettive altrui, noto come teoria della mente, permettendo di prevedere e manipolare le reazioni altrui. Tuttavia, l'inganno comporta anche un carico cognitivo significativo, poiché il mentitore deve tenere traccia della verità, della menzogna e della percezione dell'ascoltatore, aumentando la probabilità di incongruenze e errori.

La Psicologia della Sincerità: Al contrario, la sincerità è spesso associata a sentimenti di integrità e autenticità. Essere veritieri richiede meno sforzo cognitivo rispetto al mentire, poiché non è necessario monitorare le discrepanze tra realtà e narrazione. La sincerità promuove la costruzione di relazioni basate sulla fiducia e sul rispetto reciproco, essenziali per la coesione sociale. Inoltre, la sincerità è spesso valorizzata come una virtù morale, rafforzando il senso di identità e autostima dell'individuo.

Dinamiche Emotive: L'inganno e la sincerità sono profondamente intrecciati con le emozioni. La paura del rifiuto, la vergogna o la colpa possono spingere verso l'inganno per proteggere sé stessi o gli altri da verità potenzialmente dolorose. Allo stesso tempo, la paura di essere scoperti può generare ansia e stress nei mentitori, influenzando il loro comportamento non verbale. In contrasto, la sincerità può essere accompagnata da vulnerabilità, poiché richiede di esporre la propria verità senza maschere, ma può anche portare a un senso di liberazione e connessione emotiva.

La Rilevazione dell'Inganno: Nonostante le numerose ricerche, non esistono indicatori infallibili di inganno. Tuttavia, la consapevolezza delle motivazioni psicologiche e delle dinamiche emotive può aiutare a interpretare meglio i segnali ambigui. Gli ascoltatori attenti possono cercare incongruenze tra verbale e non verbale, esitazioni insolite, e altri segnali di stress emotivo come indicatori potenziali di inganno.

Fiducia e Credibilità: La capacità di discernere tra inganno e sincerità è fondamentale per stabilire la fiducia. La fiducia, a sua volta, si basa sulla percezione della credibilità dell'altro e sulla coerenza tra le sue parole e azioni nel tempo. La fiducia può essere rapidamente erosa dall'inganno ma richiede tempo e coerenza per essere costruita o ricostruita attraverso la sincerità.

La psicologia dell'inganno e della sincerità rivela quanto siano complesse e sfaccettate le nostre interazioni, guidate da un intreccio di processi cognitivi, emotivi e sociali. La comprensione di questi fenomeni non solo ci aiuta a navigare il mondo sociale con maggiore consapevolezza ma arricchisce anche la nostra comprensione della natura umana.

L'analisi dei segnali non verbali in contesti di interrogatorio fornisce uno sguardo affascinante su come la comunicazione non verbale possa essere impiegata per rivelare la verità o individuare l'inganno.

Gli interrogatori, per loro natura, sono situazioni ad alta tensione dove le parole devono essere valutate attentamente contro il tessuto dei segnali non verbali che le accompagnano. Attraverso studi di caso specifici, è possibile esaminare l'efficacia e le sfide di interpretare tali segnali in ambienti investigativi.

Studi di Caso: Analisi dei Segnali Non Verbali

1. Il Caso delle Microespressioni: In un noto studio di caso, un sospettato mostrava ripetute microespressioni di disprezzo mentre negava qualsiasi coinvolgimento in un crimine. Sebbene verbalmente mantenesse la sua innocenza, queste rapide espressioni facciali, che sfuggivano al controllo conscio, suggerivano un atteggiamento di superiorità o derisione verso l'interrogatore. Gli esperti di linguaggio del corpo interpretarono questo come un possibile indicatore di inganno, portando a ulteriori indagini che alla fine confermarono il coinvolgimento del sospettato nel crimine.

2. La Coerenza tra Verbale e Non Verbale: In un altro

caso, gli investigatori si concentrarono sulla coerenza tra le affermazioni verbali di un individuo e i suoi segnali non verbali durante l'interrogatorio. Il sospettato, accusato di furto, manteneva una narrazione coerente sulla sua innocenza. Tuttavia, i suoi gesti non verbali, inclusi il tamburellare delle dita, l'evitare il contatto visivo e il cambiare frequentemente posizione, indicavano un alto livello di ansia e potenziale inganno. La discrepanza tra la calma apparente delle sue parole e l'agitazione del suo comportamento non verbale sollevò dubbi sulla sua veridicità.

3. L'Importanza del Contesto: Un terzo studio di caso illustra l'importanza del contesto nell'interpretazione dei segnali non verbali. Durante un interrogatorio per un caso di aggressione, un sospettato sembrava estremamente nervoso, con sudorazione eccessiva e frequenti cambiamenti di postura. Inizialmente, questi segnali furono interpretati come indizi di colpevolezza. Tuttavia, ulteriori indagini rivelarono che il nervosismo era dovuto alla paura dell'ambiente di interrogatorio piuttosto che a un senso di colpa per il crimine. Questo caso sottolinea come lo stress di un interrogatorio possa influenzare i comportamenti non verbali, rendendo cruciale considerare il contesto più ampio.

Lezioni Apprese dai Studi di Caso

Questi studi di caso evidenziano la complessità dell'interpretazione dei segnali non verbali in contesti di interrogatorio. Le lezioni apprese includono:

- **La necessità di una formazione specialistica:** Per interpretare accuratamente i segnali non verbali, gli interrogatori richiedono una formazione specifica e un'esperienza significativa.

- **L'importanza dell'integrazione delle prove:** I segnali non verbali devono essere considerati insieme ad altre forme di evidenza per costruire una comprensione olistica della situazione.

- **La cautela nell'attribuzione del significato:** Senza un'attenta valutazione, esiste il rischio di interpretazioni errate dei comportamenti non verbali, specialmente quando sono influenzati da fattori esterni come lo stress o le paure personali.

In conclusione, gli studi di caso sull'uso dei segnali non verbali in interrogatori sottolineano il potenziale e le sfide di questa pratica. Mentre i segnali non verbali possono offrire indizi preziosi sull'inganno o sulla sincerità, la loro interpretazione richiede attenzione, esperienza e un approccio bilanciato che consideri tutti gli aspetti dell'interazione umana.

Affinare la capacità di rilevare l'inganno richiede pratica, osservazione attenta e una comprensione approfondita del comportamento umano. Esercizi specifici possono aiutare a sviluppare questa abilità, migliorando la capacità di interpretare i segnali non verbali e di valutare la coerenza delle informazioni. Ecco alcuni esercizi progettati per potenziare la tua capacità di identificare l'inganno.

Osservazione Attenta di Video Registrati: Inizia con la visione di video di interrogatori reali o simulati, con l'obiettivo di identificare i segnali non verbali e verbali associati all'inganno. Prendi nota delle incongruenze tra ciò che viene detto e il linguaggio del corpo, come evitamento del contatto visivo, gesti di auto-comforto, e microespressioni. Successivamente, confronta le tue osservazioni con l'analisi esperta o la rivelazione finale sull'onestà del soggetto, per valutare l'accuratezza delle tue interpretazioni.

Gioco del "Due Verità e Una Bugia": Questo esercizio può essere praticato con amici o colleghi. Ogni partecipante racconta tre storie su di sé: due veritiere e una falsa. Gli altri devono indovinare quale storia è la menzogna, focalizzandosi sui segnali verbali e non verbali che potrebbero indicare l'inganno. Questo gioco aiuta a sviluppare la capacità di rilevare discrepanze e incongruenze nelle narrazioni.

Analisi di Caso in Tempo Reale: Durante le conversazioni quotidiane, pratica l'ascolto attivo e l'osservazione dei segnali non verbali. Senza giungere a conclusioni affrettate o diventare sospettoso senza motivo, utilizza queste opportunità per affinare la tua capacità di percepire incongruenze. L'obiettivo è migliorare la tua sensibilità ai segnali sottili di discomfort o nervosismo che possono accompagnare l'inganno.

Auto-Osservazione: Un esercizio utile per comprendere meglio l'inganno è osservare i propri segnali non verbali in situazioni di stress o quando si mente, anche in contesti innocui come scherzi o sorprese. Questa auto-osservazione può aiutare a comprendere come si manifestano fisicamente il disagio e la tensione, migliorando la capacità di riconoscere simili segnali negli altri.

Studio delle Microespressioni: Dedicati allo studio e alla pratica del riconoscimento delle microespressioni facciali, che sono brevi espressioni emotive che sfuggono al controllo conscio. Utilizza risorse online, come tutorial o corsi specializzati, per imparare a identificare queste rapide espressioni. L'abilità nel riconoscere le microespressioni può notevolmente migliorare la capacità di rilevare l'inganno.

Feedback Costruttivo: Quando pratichi questi esercizi con altri, chiedi un feedback costruttivo sulle tue interpretazioni. Confrontare le tue percezioni con le esperienze degli altri può fornire nuove prospettive e migliorare la tua comprensione dei segnali di inganno.

Mantenimento di un Diario di Osservazioni: Registra le tue osservazioni e riflessioni sugli esercizi praticati e sulle situazioni reali in cui hai tentato di rilevare l'inganno. Rivedere periodicamente queste note può aiutare a identificare modelli, migliorare le tecniche di osservazione e valutare i progressi nel tempo.

Attraverso la pratica regolare di questi esercizi, è possibile sviluppare una maggiore sensibilità ai segnali di inganno, migliorando la capacità di comunicare in modo efficace e di navigare le complessità delle interazioni umane con maggiore fiducia e discernimento.

CAPITOLO 8

L'EMPATIA E L'ASCOLTO ATTIVO

L'ascolto attivo e l'empatia sono pilastri fondamentali nella costruzione di connessioni autentiche e significative. Essi rappresentano non solo competenze comunicative essenziali ma incarnano anche un approccio alla vita che valorizza profondamente le relazioni umane. La capacità di ascoltare attivamente e di esercitare empatia trasforma il modo in cui interagiamo con gli altri, promuovendo comprensione, rispetto e vicinanza.

Ascoltare attivamente significa essere pienamente presenti nell'interazione, con un'attenzione concentrata non solo su ciò che viene detto, ma anche su come viene detto e cosa rimane non detto. Questo tipo di ascolto va oltre il semplice sentire le parole; implica interpretare il tono di voce, osservare il linguaggio del corpo e cogliere le emozioni sottostanti. L'ascolto attivo richiede la sospensione del giudizio e la messa in pausa dei propri pensieri e preconcetti per immergersi completamente nella prospettiva dell'altro.

Una componente cruciale dell'ascolto attivo è la capacità di fornire feedback che dimostri che il messaggio dell'altro è stato ricevuto e compreso. Ciò può avvenire attraverso parafrasi, domande chiare e affermazioni che riflettano la comprensione dell'esperienza dell'altro. Questo processo non solo valida i sentimenti e le esperienze dell'interlocutore ma rafforza anche il legame di fiducia e apertura tra le parti.

L'empatia, la capacità di percepire e condividere i sentimenti di un'altra persona, è la chiave per approfondire le relazioni interpersonali. Esprime la volontà di entrare nel mondo emotivo dell'altro, di "calzare le sue scarpe" e di vedere la realtà dal suo punto di vista. L'empatia non implica necessariamente l'accordo con quella prospettiva ma riconosce e accetta l'esperienza dell'altro come valida e significativa.

L'esercizio dell'empatia nella comunicazione si manifesta nell'accoglienza delle emozioni altrui senza giudizio, nell'espressione di comprensione e nel sostegno emotivo. L'empatia consente di superare barriere e pregiudizi, facilitando una comunicazione più profonda e autentica. Attraverso l'empatia, possiamo rispondere alle esigenze emotive dell'altro, promuovendo un senso di appartenenza e di supporto reciproco.

L'integrazione dell'ascolto attivo e dell'empatia nella comunicazione ha il potere di trasformare le interazioni quotidiane. Queste competenze consentono di:

- Risolvere conflitti in modo più efficace, attraverso la comprensione profonda delle prospettive coinvolte.

- Costruire ambienti di lavoro e familiari basati sul rispetto reciproco e sulla cooperazione.

- Sostenere gli altri nei momenti di difficoltà, offrendo un ascolto che conferisce valore alle loro esperienze.

- Promuovere l'inclusione e la diversità, riconoscendo e apprezzando le diverse prospettive e esperienze di vita.

L'ascolto attivo e l'empatia, dunque, non sono solo strumenti di comunicazione ma rappresentano un approccio empatico alla vita che enfatizza l'importanza delle connessioni umane. Coltivare queste abilità arricchisce la nostra esperienza sociale, professionale e personale, permettendoci di costruire relazioni più profonde, significative e soddisfacenti.

Sviluppare l'ascolto attivo è fondamentale per costruire relazioni solide e comunicazioni efficaci. Questa abilità non solo migliora la qualità delle nostre interazioni ma promuove anche un ambiente di rispetto, comprensione e collaborazione. Ecco alcune tecniche specifiche per affinare l'ascolto attivo nelle tue comunicazioni quotidiane.

Mantenere il contatto visivo: Il contatto visivo gioca un ruolo chiave nell'ascolto attivo, poiché dimostra interesse e attenzione verso l'interlocutore. Assicurati di mantenere un contatto visivo confortevole, che non sia percepito come intimidatorio, ma che comunichi la tua piena presenza e apertura.

Evitare interruzioni: Ascoltare senza interrompere è essenziale per permettere all'altro di esprimere pienamente i propri pensieri e sentimenti. Resistere alla tentazione di formulare risposte mentalmente mentre l'altro sta parlando e attendere che abbia terminato prima di rispondere.

Parafrasare e riflettere: Una tecnica efficace per dimostrare che hai ascoltato e compreso è parafrasare ciò che l'interlocutore ha detto. Questo non solo valida l'esperienza dell'altro ma aiuta anche a chiarire eventuali malintesi. Riflettere le emozioni espresse ("Sembra che questa situazione ti abbia veramente turbato") può anche aumentare l'empatia e la connessione.

Utilizzare domande aperte: Porre domande aperte incoraggia l'interlocutore a condividere più liberamente i propri pensieri e sentimenti. Questo tipo di domande inizia spesso con "come", "perché" o "cosa pensi di...?", facilitando una conversazione più profonda e significativa.

Evitare di giudicare: Mantenere una mente aperta e libera da pregiudizi è fondamentale per un ascolto attivo efficace. Evitare giudizi prematuri o critiche permette all'interlocutore di sentirsi sicuro nel condividere le proprie esperienze, promuovendo una comunicazione onesta e aperta.

Riconoscere il linguaggio del corpo: Oltre alle parole, presta attenzione al linguaggio del corpo dell'interlocutore, che può fornire indizi aggiuntivi sui suoi sentimenti e sulle sue intenzioni. Anche la tua postura e i tuoi gesti non verbali dovrebbero comunicare apertura e interesse.

Esercitare la pazienza: L'ascolto attivo richiede pazienza, soprattutto quando si discutono argomenti complessi o emotivamente carichi. Dare all'interlocutore il tempo di cui ha bisogno per esprimersi può rivelarsi incredibilmente prezioso per costruire fiducia e comprensione.

Sviluppare l'empatia: Infine, l'ascolto attivo è

profondamente legato alla capacità di empatizzare con l'altro. Cercare attivamente di comprendere la prospettiva e i sentimenti dell'interlocutore può arricchire la tua capacità di ascolto e rafforzare il legame tra di voi.

Migliorare l'ascolto attivo è un processo continuo che richiede impegno e pratica. Integrando queste tecniche nella tua vita quotidiana, puoi elevare la qualità delle tue relazioni, facilitare comunicazioni più efficaci e costruire connessioni autentiche basate sulla comprensione reciproca e sul rispetto.

Il linguaggio del corpo gioca un ruolo cruciale nell'esprimere empatia, comunicando non verbalmente comprensione, sostegno e condivisione emotiva. Attraverso una serie di gesti, espressioni facciali e posture, è possibile trasmettere efficacemente empatia, rafforzando le connessioni interpersonali e costruendo rapporti basati sulla fiducia e sul rispetto reciproco.

Postura Aperta e Rivolta verso l'Interlocutore: Adottare una postura aperta e orientare il corpo direttamente verso l'interlocutore sono segnali potenti di disponibilità e attenzione. Questa postura non solo dimostra che si è pienamente presenti nell'interazione, ma anche che si è pronti ad accogliere e comprendere le esperienze dell'altro senza pregiudizi.

Contatto Visivo Confortevole: Il contatto visivo è fondamentale per stabilire un collegamento emotivo. Mantenere un contatto visivo confortevole e appropriato comunica interesse genuino e preoccupazione per ciò che l'altro sta condividendo. È importante, tuttavia, regolare il contatto visivo in base al contesto culturale e alle preferenze individuali per evitare che possa essere percepito come invasivo.

Annuire e Sorridere quando Appropriato: Annuiire mentre l'altro parla e offrire un sorriso genuino quando appropriato sono segnali che rafforzano l'empatia. Questi gesti semplici ma efficaci possono rassicurare l'interlocutore sulla sua accettazione e comprensione, incoraggiandolo a continuare la condivisione.

Gestualità che Comunica Sostegno: Gesti come

inclinare leggermente la testa, toccare brevemente il braccio dell'interlocutore o offrire un abbraccio possono comunicare empatia e conforto, soprattutto in momenti di bisogno. È cruciale, tuttavia, essere consapevoli delle preferenze personali e dei limiti dell'interlocutore riguardo al contatto fisico.

Riflettere le Emozioni: Riflettere sottilmente le espressioni facciali o i gesti dell'interlocutore può creare una sintonia emotiva, dimostrando che si sta condividendo il loro stato emotivo. Questo "specchiamento" deve essere fatto con sensibilità e autenticità per non apparire artificiale o invadente.

Creare uno Spazio Confortevole: Oltre alla propria postura e gestualità, organizzare lo spazio fisico per promuovere un ambiente accogliente e sicuro contribuisce a esprimere empatia. Questo può includere ridurre le distrazioni, garantire privacy e scegliere un setting che faciliti una comunicazione aperta e onesta.

Il linguaggio del corpo, quando utilizzato in modo consapevole ed empatico, può trasformare le interazioni, promuovendo un livello più profondo di connessione e comprensione. Sviluppare la capacità di comunicare empatia attraverso i segnali non verbali richiede pratica e attenzione, ma i benefici di relazioni interpersonali più ricche e soddisfacenti sono inestimabili. Coltivando queste abilità, possiamo migliorare non solo le nostre capacità comunicative ma anche la nostra sensibilità e connessione con gli altri.

La comunicazione empatica è essenziale per costruire relazioni significative e profonde. Tuttavia, vari ostacoli possono intralciare la nostra capacità di comunicare con empatia. Riconoscere queste barriere e apprendere come superarle è cruciale per migliorare la qualità delle nostre interazioni.

Giudizio Prematuro: Giudicare prematuramente le persone o le loro situazioni può bloccare l'empatia, impedendoci di comprendere veramente la loro prospettiva. Superare questo ostacolo richiede una mente aperta e la consapevolezza di sospendere il giudizio, permettendoci di accogliere le esperienze altrui senza pregiudizi.

Distrazioni Ambientali: L'ambiente in cui si svolge la comunicazione può influenzare notevolmente la nostra capacità di essere empatici. Distrazioni come rumori, interruzioni o anche lo stress legato al multitasking possono ridurre la nostra capacità di ascolto attivo. Creare uno spazio tranquillo e privo di distrazioni, dove sia possibile concentrarsi pienamente sull'interlocutore, è fondamentale per superare questa barriera.

Stress e Affaticamento: Lo stress e l'affaticamento possono diminuire la nostra disponibilità emotiva e la capacità di esercitare empatia. Prendersi cura della propria salute mentale e fisica, garantendo un adeguato riposo e gestione dello stress, può migliorare la nostra capacità di connetterci con gli altri in modo empatico.

Differenze Culturali: Le differenze culturali possono creare malintesi e barriere alla comunicazione empatica. Avere consapevolezza e sensibilità culturali, informarsi sulle diverse pratiche comunicative e norme sociali, e approcciare le differenze con curiosità piuttosto che con resistenza, possono aiutare a superare questi ostacoli.

Mancanza di Ascolto Attivo: L'ascolto superficiale o selettivo impedisce una vera comprensione empatica. Praticare l'ascolto attivo, che include prestare attenzione non solo alle parole ma anche ai sentimenti e ai bisogni non espressi dell'altro, è essenziale per superare questa barriera.

Blocco Emotivo: A volte, le nostre proprie emozioni o esperienze passate possono impedirci di essere pienamente empatici. Lavorare sul proprio sviluppo emotivo, attraverso la riflessione personale, la terapia o la meditazione, può aiutare a superare i blocchi emotivi che ostacolano l'empatia.

Assunzioni Errate: Fare assunzioni sui pensieri, sentimenti o esperienze altrui senza verificarli può portare a malintesi. Chiedere chiarimenti e esprimere genuino interesse per la prospettiva dell'altro può aiutare a superare le assunzioni errate e promuovere una comunicazione più empatica.

Superare queste barriere richiede impegno, pratica e, soprattutto, la volontà di connettersi con gli altri su un livello più profondo. Sviluppando competenze come l'ascolto attivo, la consapevolezza di sé e la sensibilità culturale, possiamo migliorare significativamente la nostra capacità di comunicare con empatia, costruendo relazioni più forti e soddisfacenti.

Nell'intreccio quotidiano delle nostre vite, sviluppare una profonda empatia è come imparare una lingua universale che apre porte in ogni angolo dell'esistenza umana, arricchendo sia le nostre relazioni personali che quelle professionali. Questo viaggio verso una maggiore comprensione e condivisione dei sentimenti altrui non è semplicemente una serie di passaggi da seguire meccanicamente; è piuttosto un percorso di crescita continua che trasforma il modo in cui interagiamo con il mondo intorno a noi.

Iniziare a praticare l'ascolto profondo, ad esempio, è come sedersi al fianco di un fiume e imparare a distinguere i sottili cambiamenti nel suo fluire. Quando ci sintonizziamo con le parole di qualcuno, cercando di percepire i sentimenti e le emozioni che si celano sotto la superficie, facciamo più che ascoltare: ci connettiamo.

Questo ascolto va oltre l'udire; è un'immersione totale nell'altro, una sospensione dei propri pensieri e pregiudizi che apre un canale diretto verso l'empatia.

Espandere la propria prospettiva è come viaggiare senza muoversi, esplorando paesaggi emotivi e situazioni altrui attraverso la fantasia e l'immaginazione. Leggere un libro, guardare un film o ascoltare racconti di vita vissuta diventano occasioni per vestire i panni di un altro, per sentire il battito del suo cuore e vedere il mondo attraverso i suoi occhi. Questa apertura verso l'altro e il suo vissuto allarga i confini del nostro mondo emotivo, rendendoci cittadini più consapevoli dell'umanità.

La curiosità, poi, è la bussola che guida questo viaggio empatico. Avvicinarsi a ogni conversazione con una mente aperta e un cuore curioso trasforma gli scambi quotidiani in opportunità di scoperta e connessione. Fare domande, mostrare interesse genuino per le risposte e per le storie che emergono è come tessere una tela di rapporti umani più ricca e colorata.

La pratica dell'auto-riflessione, invece, ci invita a dirigere lo sguardo verso l'interno, esplorando le proprie emozioni e reazioni come un archeologo del sé. Questo esercizio di introspezione, supportato dalla meditazione o dalla scrittura, ci permette di scoprire come le nostre esperienze influenzano la capacità di connetterci emotivamente con gli altri, illuminando il percorso verso una maggiore empatia.

L'immersione in esperienze di volontariato o iniziative comunitarie, infine, è come aprire una finestra sul vasto mondo delle esperienze umane. Incontrare persone di diverse estrazioni e vivere la loro realtà, anche solo per un momento, arricchisce profondamente il nostro essere, insegnandoci il vero significato dell'empatia: un ponte tra anime, costruito non solo con l'intelletto, ma con il cuore.

Incorporare queste pratiche nella quotidianità trasforma l'empatia da concetto astratto a forza vitale, che nutre e arricchisce ogni aspetto della nostra vita. È un viaggio che non solo avvicina agli altri, ma ci conduce anche a una più profonda comprensione di noi stessi, tessendo armonia e connessione nel tessuto stesso della nostra esistenza.

CAPITOLO 9

LE STRATEGIE PER MIGLIORARE LA PROPRIA COMUNICAZIONE NON VERBALE

Nel viaggio verso una comunicazione non verbale efficace, l'autocoscienza emerge come il primo e più fondamentale passo. Comprendere e riconoscere i propri segnali non verbali non è soltanto una questione di autoanalisi; è un processo profondo che influisce su come ci percepiamo e su come gli altri ci vedono. Questa consapevolezza di sé si traduce in una capacità maggiore di gestire e modulare la nostra comunicazione non verbale, rendendo le nostre interazioni più autentiche e significative.

Immagina di essere in una conversazione: sei consapevole di dove e come posizioni le mani, o di come il tuo sguardo si muova mentre parli o ascolti? Questi dettagli possono sembrare minimi, ma hanno un impatto profondo sul messaggio che trasmetti. Una postura aperta, che invita alla condivisione, può favorire la connessione, mentre uno sguardo evitante potrebbe sembrare come una mancanza di interesse o fiducia. Riconoscere questi segnali è il primo passo per utilizzarli in modo che riflettano realmente i nostri intenti e sentimenti.

Il percorso verso l'autocoscienza inizia con l'osservazione. Dedica tempo a riflettere su come ti comporti in diverse situazioni sociali. Come reagisci quando sei nervoso, felice o sotto pressione? Questi stati emotivi si manifestano attraverso segnali non verbali specifici, come il ritmo della tua voce, la frequenza con cui lampeggiano i tuoi occhi o la rigidità delle tue spalle. Identificare questi segnali ti permette non solo di comprendere meglio te stesso ma anche di iniziare a controllare consapevolmente questi aspetti della tua comunicazione.

La registrazione video è uno strumento prezioso in questo processo di autoanalisi. Guardare sé stessi durante una presentazione o in una conversazione può rivelare abitudini non verbali di cui non eri precedentemente consapevole. Forse scoprirai che incroci le braccia in modo difensivo quando ti senti sfidato o che giochi con un oggetto quando sei ansioso. Riconoscere questi comportamenti ti dà l'opportunità di modificarli, scegliendo segnali non verbali che comunicano apertura, sicurezza e coinvolgimento.

Un altro aspetto chiave dell'autocoscienza è il feedback esterno. A volte, le persone intorno a noi notano aspetti della nostra comunicazione non verbale che ci sfuggono. Chiedere feedback a colleghi, amici o familiari può offrire preziose intuizioni sul nostro linguaggio del corpo e su come possiamo migliorarlo. Questo dialogo aperto non solo arricchisce la nostra comprensione di noi stessi ma rafforza anche le nostre relazioni, creando un ambiente di fiducia e supporto reciproco.

Man mano che cresce l'autocoscienza, anche la nostra capacità di gestire consapevolmente la comunicazione non verbale si sviluppa. Imparare a modulare i propri segnali, a seconda del contesto e delle esigenze della situazione, diventa un potente strumento di comunicazione. Che si tratti di moderare la propria espressione facciale durante un dibattito per mantenere un tono amichevole o di usare un contatto visivo diretto per dimostrare sincerità, la capacità di adattare il proprio linguaggio del corpo in modo intenzionale può trasformare completamente le interazioni.

In definitiva, l'autocoscienza nel riconoscere i propri segnali non verbali non è solo una competenza comunicativa; è una pratica di crescita personale. Attraverso questo viaggio di autoesplorazione, non solo miglioriamo il modo in cui comunichiamo con gli altri, ma impariamo anche a comprendere e apprezzare più profondamente noi stessi.

Adattare il proprio linguaggio del corpo in base al contesto è una competenza cruciale che può trasformare la comunicazione non verbale da un semplice insieme di gesti e posture in un potente strumento di espressione e connessione. La capacità di modulare il proprio comportamento fisico a seconda dell'ambiente, delle persone coinvolte e degli obiettivi comunicativi può significativamente migliorare la qualità delle interazioni e l'efficacia del messaggio trasmesso.

Immagina di entrare in una sala riunioni: il tuo portamento, il modo in cui scegli di sederti, e la distanza che mantieni dagli altri partecipanti comunicano non solo il tuo stato d'animo ma anche il tuo livello di interesse e il tuo atteggiamento nei confronti dell'incontro. In questo contesto, una postura eretta e un contatto visivo sicuro possono trasmettere fiducia e apertura, elementi chiave per stabilire una comunicazione efficace sin dall'inizio.

Nel passaggio da una situazione formale a una più rilassata, come un caffè con un amico, la modulazione del linguaggio del corpo diventa altrettanto importante. Qui, rilassare la postura, inclinarsi leggermente in avanti e usare gesti più ampi e espressivi possono comunicare interesse genuino e creare un'atmosfera di intimità e fiducia. Questi piccoli adattamenti non verbali facilitano un scambio più aperto e sincero, fondamentale per approfondire le relazioni personali.

La capacità di adattare il linguaggio del corpo richiede una profonda consapevolezza di sé e una comprensione delle dinamiche sociali. Osservare gli altri e notare come il loro comportamento non verbale cambia in diverse situazioni può fornire spunti preziosi. Ad esempio, notare che un collega incrocia le braccia e si allontana leggermente durante una discussione può indicare disagio o disaccordo, suggerendo la necessità di adattare il proprio approccio per riaprire i canali di comunicazione.

L'esercizio di adattamento può iniziare con piccoli passi, come modificare il tono di voce o il ritmo del discorso per rispecchiare quello dell'interlocutore, un processo noto come "mirroring" che può facilitare la connessione. Tuttavia, è cruciale che questi adattamenti rimangano autentici; l'eccessiva imitazione può sembrare artificiale, minando la sincerità della comunicazione.

La riflessione personale gioca un ruolo fondamentale in questo processo. Dedicare tempo a riflettere sulle proprie tendenze comunicative e su come queste vengono percepite dagli altri può illuminare aree di miglioramento. Ad esempio, potresti scoprire che tendi a mantenere una distanza eccessiva in situazioni sociali, inviando segnali involontari di distacco. Riconoscere questo comportamento ti permette di sperimentare consapevolmente con distanze minori o posture più aperte, valutando l'impatto su tue interazioni.

In definitiva, l'adattamento del linguaggio del corpo in base al contesto non è semplicemente una questione di modificare i comportamenti esteriori; è un'esplorazione continua dell'interazione tra il sé interiore e il mondo esterno. Attraverso la pratica consapevole e l'apertura all'apprendimento, possiamo affinare la nostra comunicazione non verbale, trasformandola in un ponte che collega più profondamente noi stessi agli altri, indipendentemente dal contesto in cui ci troviamo.

Nel vasto panorama della comunicazione umana, l'allineamento tra i messaggi verbali e quelli non verbali è fondamentale. Questa coerenza è la tessera che completa il mosaico dell'interazione, conferendo autenticità e credibilità al nostro messaggio. Sviluppare una tale sinergia richiede introspezione, pratica e un impegno costante verso l'autenticità.

Immagina di trovarsi in una conversazione in cui le parole esprimono fiducia, ma il corpo trasmette insicurezza attraverso posture chiuse e movimenti nervosi. Questa discrepanza invia segnali confusi all'interlocutore, potenzialmente erodendo la fiducia e l'efficacia della comunicazione. Allo stesso modo, un messaggio di empatia pronunciato con un tono di voce freddo e distaccato può sembrare insincero, diminuendo l'impatto emotivo delle parole.

Il viaggio verso la coerenza inizia con l'autocoscienza, un'immersione profonda nella propria interiorità per esplorare come i nostri stati emotivi influenzano il linguaggio del corpo. Questo processo di auto-riflessione ci permette di identificare e comprendere le nostre incongruenze comunicative, offrendo la base per un allineamento più autentico tra parole e gesti.

La pratica dell'ascolto di sé è un altro passo cruciale. Prestare attenzione non solo a ciò che diciamo ma anche a come ci sentiamo mentre lo diciamo può rivelare molto sulla nostra coerenza comunicativa. Sentire le proprie parole con empatia, come se fossero dirette a noi stessi, può aiutare a valutare se la nostra comunicazione non verbale supporta o contrasta il messaggio verbale.

L'osservazione attiva entra in gioco anche nello sviluppo della coerenza. Guardare come gli altri reagiscono ai nostri messaggi può fornire preziosi feedback sulla nostra efficacia comunicativa. Questa sensibilità alle risposte altrui può guidarci nell'ajustare il nostro linguaggio del corpo in tempo reale, rafforzando la connessione tra il verbale e il non verbale.

Inoltre, la pratica deliberata di allineamento tra parole e gesti in situazioni a bassa posta può prepararci per momenti più critici. Ad esempio, esercitarsi a mantenere un contatto visivo solido e una postura aperta in conversazioni quotidiane può rendere questi comportamenti più naturali in contesti ad alta tensione, dove la coerenza è vitale.

La coerenza richiede anche flessibilità, la capacità di adattare il nostro linguaggio del corpo e il tono di voce alle mutevoli dinamiche di una conversazione. Questa agilità non verbale non solo rafforza il messaggio verbale ma dimostra anche un'attenzione e una sensibilità alle esigenze comunicative dell'interlocutore.

Infine, la coerenza tra comunicazione verbale e non verbale è un'espressione di integrità personale. Riflette il nostro impegno a vivere in modo autentico, dove le nostre parole e i nostri gesti sono in armonia con i nostri valori e le nostre credenze più profonde. Questo allineamento non solo migliora le nostre interazioni ma arricchisce anche la nostra esperienza di vita, permettendoci di comunicare con una chiarezza e una profondità che trascendono le parole.

Nel percorso di miglioramento della comunicazione non verbale, il feedback e la pratica svolgono ruoli indispensabili. Ricevere e utilizzare le critiche per affinare le proprie abilità non è sempre facile; richiede apertura, resilienza e un impegno costante verso l'auto-sviluppo. Tuttavia, quando abbracciati con spirito costruttivo, feedback e pratica possono trasformarsi in potenti alleati per il miglioramento personale.

Immagina di concludere una presentazione e ricevere feedback che il tuo linguaggio del corpo sembrava chiuso e poco invitante. Inizialmente, potresti sentirti scoraggiato o difensivo. Tuttavia, questa critica offre un'opportunità unica per la riflessione e la crescita. Riflettere sul feedback ricevuto, anziché respingerlo, può aprire la porta a miglioramenti significativi nel modo in cui comunichi non verbalmente.

Il primo passo per utilizzare efficacemente il feedback è ascoltarlo senza giudizio. Approccia ogni critica con curiosità, considerandola come una finestra sulle tue aree di sviluppo piuttosto che un attacco personale. Questo atteggiamento ti permette di cogliere il nucleo costruttivo del feedback, identificando specifici comportamenti non verbali su cui lavorare.

Dopo aver accolto il feedback, il passo successivo è la pratica deliberata. Supponiamo che il feedback riguardi la mancanza di contatto visivo durante le interazioni. Potresti iniziare a esercitarti in contesti a bassa posta, come conversazioni casuali con amici o colleghi, concentrando consapevolmente l'attenzione sul mantenimento di un contatto visivo naturale e impegnato. La pratica costante in situazioni sicure costruisce la fiducia e la competenza, preparandoti a gestire meglio contesti più impegnativi.

Un altro strumento efficace nel processo di miglioramento è la registrazione video. Filmando te stesso mentre pratichi discorsi o partecipi a conversazioni simulate, puoi ottenere una prospettiva oggettiva sul tuo linguaggio del corpo. Guardare questi video ti permette di auto-valutare la tua comunicazione non verbale, confrontandola con il feedback ricevuto e identificando aree specifiche per ulteriori miglioramenti.

La ricerca di feedback continuo è fondamentale. Crea un circolo di fiducia con persone che ti conoscono bene e che sei sicuro ti forniranno critiche oneste e costruttive. L'apertura a ricevere feedback regolarmente non solo accelera il tuo sviluppo ma rafforza anche le relazioni, dimostrando il tuo impegno al miglioramento personale e alla comunicazione efficace.

Riconoscere e valorizzare i miglioramenti, per quanto

piccoli, è essenziale per mantenere la motivazione e l'entusiasmo nel percorso di crescita. Ogni passo avanti, ispirato dal feedback e perfezionato attraverso la pratica, è una pietra miliare che ti avvicina a una comunicazione non verbale più efficace e autentica.

Il feedback e la pratica sono strumenti inestimabili per affinare la propria comunicazione non verbale. Affrontati con un atteggiamento positivo e una volontà di crescita, possono trasformare le critiche in preziose lezioni, guidandoti verso una maggiore consapevolezza di te stesso e migliorando significativamente la tua capacità di comunicare senza parole.

Nell'era digitale, la tecnologia è diventata uno strumento prezioso anche per l'analisi e il miglioramento della comunicazione non verbale. Con l'avanzamento delle applicazioni software, dei dispositivi mobili e delle piattaforme di realtà virtuale, le opportunità di esplorare e affinare il proprio linguaggio del corpo si sono moltiplicate, offrendo metodi innovativi e interattivi per sviluppare questa competenza essenziale.

Immagina di utilizzare una applicazione che, attraverso la camera del tuo dispositivo, analizza in tempo reale la tua postura, i tuoi gesti e le espressioni facciali mentre parli o interagisci con altri. Questa tecnologia può fornire feedback immediati, evidenziando abitudini non verbali di cui potresti non essere consapevole. Ad esempio, potrebbe rivelare una tendenza a incrociare le braccia in modo difensivo quando discuti argomenti controversi o una mancanza di contatto visivo durante le presentazioni.

Allo stesso modo, software avanzati di analisi del comportamento possono utilizzare algoritmi di intelligenza artificiale per identificare modelli nel linguaggio del corpo che suggeriscono nervosismo, fiducia o apertura. Ricevere questo tipo di feedback obiettivo permette di riflettere su come il proprio comportamento non verbale possa essere percepito dagli altri e di apportare modifiche mirate per migliorare l'efficacia comunicativa.

Le piattaforme di realtà virtuale offrono un'altra dimensione entusiasmante per l'apprendimento e la pratica della comunicazione non verbale. Immagina di immergerti in scenari virtuali progettati per simulare una vasta gamma di situazioni sociali e professionali. Questi ambienti possono variare da riunioni di lavoro, a colloqui, a interazioni casuali con avatar che reagiscono in modo realistico al tuo linguaggio del corpo. Queste simulazioni forniscono un ambiente sicuro e controllato per esercitarsi e ricevere feedback, permettendo di sperimentare con differenti approcci comunicativi e di vedere immediatamente gli effetti delle modifiche apportate al proprio comportamento non verbale.

Inoltre, l'utilizzo di smartwatch e dispositivi indossabili che monitorano il tono della voce, il ritmo del discorso e altri indicatori fisiologici può offrire intuizioni preziose sulle proprie tendenze comunicative. Questi dispositivi possono aiutare a identificare momenti di stress o ansia, suggerendo momenti in cui potrebbe essere utile adottare strategie di rilassamento per mantenere una comunicazione non verbale calma e assertiva.

L'adozione di queste tecnologie per analizzare e migliorare la comunicazione non verbale rappresenta un approccio moderno al miglioramento personale. Attraverso feedback immediati e la possibilità di praticare in scenari virtuali, individui e professionisti possono affinare la propria capacità di trasmettere messaggi coerenti e potenti senza l'uso di parole. Questo processo di apprendimento tecnologicamente assistito non solo migliora la comunicazione interpersonale ma arricchisce anche le interazioni sociali, rendendole più efficaci, autentiche e coinvolgenti.

CAPITOLO 10

LE APPLICAZIONI PRATICHE: DAL MONDO DEGLI AFFARI ALLE RELAZIONI INTIME

Nel teatro delle negoziazioni e delle vendite, il linguaggio del corpo parla volumi, spesso trasmettendo messaggi più eloquenti delle parole stesse. Questa silenziosa orchestra di gesti, posture e espressioni facciali può determinare l'esito di un incontro d'affari tanto quanto le strategie e le argomentazioni verbali impiegate. Comprendere e padroneggiare il linguaggio del corpo in questi contesti diventa quindi un'arte e una scienza indispensabili per chi opera nel mondo degli affari.

Immagina una stanza di negoziazione dove due parti si incontrano. Da un lato, un venditore esperto, consapevole del potere del suo linguaggio non verbale; dall'altro, un potenziale cliente, ancora ignaro di quanto i suoi gesti possano rivelare le sue vere intenzioni o preoccupazioni. Il venditore, attraverso la sua postura aperta e inclinata leggermente in avanti, comunica interesse e disponibilità, mentre il suo contatto visivo stabile e sicuro trasmette sincerità e fiducia. Questi segnali non verbali costruiscono un ponte prima ancora che le negoziazioni verbali abbiano inizio, predisponendo positivamente il cliente.

Durante la conversazione, il venditore osserva attentamente il linguaggio del corpo del cliente per cogliere indizi sul suo stato emotivo e sulle sue reazioni alle proposte avanzate. Un'improvvisa chiusura della postura, ad esempio, può indicare resistenza o disaccordo, mentre un annuire accompagnato da un'espressione interessata può segnalare approvazione o curiosità. Queste osservazioni permettono al venditore di adattare la sua strategia in tempo reale, affrontando le preoccupazioni non espresse o sottolineando i vantaggi che risuonano di più con il cliente.

Nelle vendite, l'uso efficace del linguaggio del corpo può amplificare il messaggio del prodotto o del servizio offerto. Dimostrazioni di entusiasmo genuino, gesti che enfatizzano i punti chiave e l'uso di spazio personale per creare un'atmosfera di confidenza possono fare la differenza tra una vendita riuscita e un'opportunità mancata. Il venditore che padroneggia questi aspetti del linguaggio non verbale diventa un narratore capace di coinvolgere il cliente in una storia convincente, dove il prodotto o servizio offerto assume un valore tangibile e desiderabile.

Allo stesso tempo, la sensibilità al linguaggio del corpo del cliente permette al venditore di riconoscere il momento giusto per chiudere la vendita. Segnali di prontezza, come un'orientamento frontale del corpo verso il venditore o un'espressione di attenta considerazione, suggeriscono che il cliente potrebbe essere pronto a prendere una decisione. Riconoscere e agire in base a questi segnali non verbali è cruciale per capitalizzare sul momento e guidare la conversazione verso una conclusione positiva.

Coloro che imparano a interpretare e utilizzare efficacemente i segnali non verbali in questi contesti non solo migliorano le loro possibilità di successo ma arricchiscono anche la qualità delle loro interazioni, creando relazioni d'affari basate sulla fiducia, sul rispetto e sulla comprensione reciproca.

Nel giardino rigoglioso delle relazioni personali, la comunicazione non verbale è come l'acqua che nutre le radici dell'intimità e della connessione. Senza di essa, le parole possono sembrare vuote o mal interpretate, lasciando che incomprensioni e distanze si insinuino tra i fili che legano le persone. Riconoscere e affinare il proprio linguaggio del corpo può quindi trasformarsi in un gesto d'amore, un modo per coltivare relazioni più profonde e soddisfacenti.

Immagina di sederti accanto a un amico o a un partner dopo una lunga giornata. Anche senza parole, puoi comunicare sostegno e comprensione. Un abbraccio, uno sguardo affettuoso, o semplicemente il modo in cui ti orienti verso l'altro, possono trasmettere empatia e cura più eloquentemente di mille parole. Questi gesti non verbali costruiscono ponti emotivi, invitando all'apertura e alla condivisione.

In una relazione, la sincronia del linguaggio del corpo

gioca un ruolo cruciale. Riflettere, anche inconsciamente, i gesti, la postura o il ritmo respiratorio del partner può creare una sensazione di armonia e affiatamento. Questo "mirroring" non verbale non solo rafforza il legame, ma comunica anche un profondo senso di comprensione e condivisione delle esperienze emotive.

La consapevolezza di sé emerge come una componente chiave nell'uso della comunicazione non verbale per migliorare le relazioni personali. Conoscere i propri segnali non verbali e come possono essere percepiti dagli altri consente di modulare il proprio comportamento in modo da esprimere al meglio i propri sentimenti e desideri. Questa autocoscienza aiuta a evitare malintesi e a comunicare in modo più autentico e diretto.

La comunicazione non verbale offre anche un prezioso strumento per la risoluzione dei conflitti. In momenti di tensione, i segnali non verbali possono esprimere disponibilità al dialogo e apertura al compromesso, anche prima che le parole lo facciano. Un tocco rassicurante, ad esempio, può abbassare le difese e ricordare all'altro che, nonostante il disaccordo, il legame affettivo rimane saldo.

L'ascolto attivo, arricchito da una comunicazione non verbale empatica, è un altro pilastro per il rafforzamento delle relazioni. Dimostrare con il proprio linguaggio del corpo che si è veramente presenti e coinvolti in quello che l'altro sta dicendo—attraverso il contatto visivo, il chinare la testa in segno di interesse, o il semplice posizionare il corpo in modo aperto—può far sentire l'interlocutore visto e compreso. Questa qualità di ascolto crea uno spazio sicuro dove pensieri e sentimenti possono essere espressi liberamente.

Condividere un sorriso, ridere insieme, o scambiarsi sguardi di complicità durante un momento felice sono esperienze che rafforzano il legame emotivo, ricordandoci che, al di là delle parole, è il cuore della nostra comunicazione a unirci.

La comunicazione non verbale nelle relazioni personali è un linguaggio silenzioso ma potente, capace di esprimere amore, comprensione, e connessione in modi che le parole da sole non possono. Coltivandola, possiamo trasformare le nostre relazioni, rendendole più ricche, profonde e gratificanti, e tessere una trama di intimità che resiste alle sfide del tempo.

Nel delicato balletto degli incontri e degli appuntamenti, il linguaggio del corpo svolge una danza silenziosa ma eloquente, trasmettendo interesse, attrazione o, a volte, riluttanza, senza che una parola venga pronunciata. Interpretare e utilizzare consapevolmente il linguaggio del corpo in questo contesto può trasformare l'esperienza di appuntamenti, rendendola più ricca di connessioni autentiche e comprensione reciproca.

Immagina un primo appuntamento in un caffè accogliente. Entrambi i partecipanti portano con sé un'aura di aspettativa mescolata a una leggera ansia. In questo scenario, i primi segnali non verbali scambiati possono stabilire il tono dell'intero incontro. Un sorriso caloroso, un leggero inclinare della testa e un contatto visivo diretto ma morbido possono comunicare apertura e interesse, abbattendo le prime barriere di nervosismo.

Man mano che la conversazione fluisce, il modo in cui si siedono, i movimenti delle mani e la direzione del loro sguardo diventano narratori silenziosi dei loro sentimenti interiori. Una persona che si inclina leggermente in avanti, ad esempio, potrebbe essere genuinamente interessata a ciò che l'altro sta dicendo. D'altra parte, se uno dei due controlla frequentemente l'orologio o mantiene una postura chiusa, potrebbe indicare disinteresse o impazienza.

In questo gioco di sguardi e gesti, la capacità di leggere accuratamente il linguaggio del corpo dell'altro diventa fondamentale. Ma altrettanto importante è essere consapevoli dei segnali che si stanno inviando. Mantenere una postura aperta, ad esempio, non solo esprime interesse, ma invita anche l'altro a sentirsi più a suo agio, promuovendo un'atmosfera di sincerità e vulnerabilità condivise.

Il tocco gioca un ruolo delicato negli incontri. Un leggero tocco sul braccio o un gesto di accompagnamento verso la porta può essere un segno di affetto e cura, purché sia ben accetto. La chiave è prestare attenzione alla reazione dell'altro: un passo indietro o un corpo che si irrigidisce può indicare che è meglio rallentare e dare più spazio.

Comunicare attraverso il linguaggio del corpo richiede una sottile sintonizzazione non solo con l'altro ma anche con se stessi. Prima di un appuntamento, prendersi un momento per centrarsi e riflettere su ciò che si spera di trasmettere può aiutare a entrare nell'incontro con una chiarezza di intenti che si riflette nei propri gesti e espressioni.

Alla fine dell'appuntamento, i segnali di commiato possono essere altrettanto rivelatori dei momenti iniziali. Un abbraccio prolungato, uno scambio di sguardi carico di significato o persino una esitazione prima di separarsi possono essere indizi del desiderio di continuare a esplorare la connessione stabilita.

In conclusione, il linguaggio del corpo negli incontri e negli appuntamenti è una danza complessa di segnali sottili e risposte intuitive. Imparare a interpretare e utilizzare questi segnali non verbali può non solo migliorare le proprie prospettive romantiche, ma arricchire profondamente la qualità delle relazioni intime, aprendo porte a livelli di comunicazione e connessione che trascendono le parole.

Nel delicato percorso dell'educazione dei figli, la comunicazione non verbale assume un ruolo di primaria importanza, fungendo da ponte silenzioso ma potente tra genitori e bambini. Prima ancora che i piccoli imparino a parlare, essi sono già abili interpreti del linguaggio del corpo dei genitori, utilizzando questi segnali per navigare il mondo che li circonda e per comprendere le dinamiche emotive della famiglia.

Immagina i primi momenti di vita di un bambino, quando uno sguardo, un sorriso o un abbraccio comunicano sicurezza, amore e accoglienza molto più efficacemente delle parole. Questi gesti non verbali sono i mattoni fondamentali su cui si costruisce il senso di sicurezza emotiva del bambino, influenzando profondamente il suo sviluppo psicologico ed emotivo.

Man mano che i bambini crescono, continuano a guardare ai genitori non solo per le parole di guida e sostegno ma anche per i segnali non verbali che accompagnano quelle parole. Un incoraggiamento verbale accompagnato da un sorriso autentico e un contatto visivo diretto rafforza il messaggio di supporto e fiducia, mentre un comando verbale espresso con una postura aperta e rilassata può attenuare l'intensità dell'autorità, promuovendo un'atmosfera di rispetto reciproco piuttosto che di timore.

I bambini sono particolarmente sensibili alla dissonanza tra ciò che viene detto e il linguaggio del corpo. Un genitore che esprime verbalmente calma ma mostra segni di stress o irritazione attraverso gesti bruschi o un tono di voce teso invia messaggi confusi, che possono generare ansia o incertezza nel bambino. Al contrario, mantenere la calma e un linguaggio del corpo coerente con le parole di pacificazione può fornire un modello positivo di gestione dei conflitti.

L'educazione emotiva, un aspetto fondamentale della crescita dei bambini, è profondamente intrecciata alla comunicazione non verbale. Genitori che dimostrano empatia attraverso gesti di conforto, come un abbraccio o una carezza, insegnano ai propri figli il valore del sostegno emotivo e dell'attenzione alle esigenze altrui. Questi insegnamenti non verbali preparano i bambini a diventare adulti empatici e consapevoli delle proprie emozioni e di quelle degli altri.

Celebrare i successi e le gioie attraverso espressioni non verbali di entusiasmo e orgoglio, come applausi, salti di gioia o abbracci festosi, rafforza il legame emotivo e incoraggia il bambino a condividere le proprie esperienze positive, promuovendo una comunicazione aperta e un clima familiare positivo.

Attraverso la consapevolezza e la cura dei propri segnali non verbali, i genitori possono costruire un ambiente familiare basato sulla comprensione, sul rispetto e sull'amore, fornendo ai propri figli le basi per crescere come individui sicuri, empatici e comunicativi.

Nel vibrante mosaico della comunicazione umana, la narrativa di successi e fallimenti legati al linguaggio del corpo si dipana attraverso innumerevoli scenari, da incontri professionali ad affari di cuore, dimostrando quanto profondamente la nostra comunicazione non verbale influenzi gli esiti delle nostre interazioni.

Scenari di Successo

In un'aula di formazione aziendale, una giovane manager si prepara a presentare un nuovo progetto. Consapevole dell'importanza del linguaggio del corpo, assume una postura eretta e aperta, che esprime fiducia e disponibilità. Il suo contatto visivo con l'auditorio, variato e inclusivo, e i gesti deliberati che sottolineano i punti chiave del suo discorso, creano un'atmosfera di coinvolgimento e interesse. La reazione positiva dei colleghi e la successiva approvazione del progetto testimoniano il potere di una comunicazione non verbale efficace e ben calibrata.

In un contesto più intimo, un primo appuntamento tra due individui rivela un altro scenario di successo. Nonostante i nervosismi iniziali, entrambi fanno sforzi consapevoli per mostrare apertura e interesse attraverso il linguaggio del corpo. Sorrisi autentici, annuimenti durante la conversazione e una distanza fisica che rispetta la comodità reciproca, senza però apparire distante, tessono un'atmosfera di calda connessione. La serata si conclude con la promessa di rivedersi, un risultato che parla eloquentemente della forza silenziosa del linguaggio non verbale nell'avvicinare le persone.

Scenari di Fallimento

Un'importante trattativa commerciale fornisce un esempio di fallimento nella comunicazione non verbale. Uno degli imprenditori, pur verbalmente esprimendo interesse a collaborare, involontariamente trasmette segnali contraddittori attraverso il suo linguaggio del corpo: braccia incrociate, sguardi fuggevoli, e piedi rivolti verso la porta. Questi segnali non verbali di chiusura e distacco generano dubbi e sfiducia nell'altra parte, culminando in una rottura delle trattative che sembravano promettenti sulla carta.

Un altro esempio di fallimento si verifica in una famiglia, dove la comunicazione non verbale negativa diventa fonte di tensione. Un genitore, stressato dal lavoro, si siede a cena con la famiglia ma rimane assorto nel proprio smartphone, trascurando gli scambi verbali. Il suo linguaggio del corpo distante e disinteressato trasmette un messaggio di indifferenza ai suoi cari, erodendo la qualità del tempo trascorso insieme e lasciando sentimenti di negligenza e disconnessione.

Lezioni Apprese

Questi scenari illustrano vividamente come la comunicazione non verbale possa essere sia un ponte che un muro tra le persone. Nei successi, vediamo il linguaggio del corpo come strumento di autenticità e connessione, capace di rafforzare i messaggi verbali e di costruire relazioni positive. Nei fallimenti, emerge chiaro il pericolo di incongruenze non verbali, che possono generare malintesi, diffidenza e distacco.

La lezione fondamentale è che la consapevolezza e il controllo del proprio linguaggio del corpo non sono solo aspetti da curare in occasioni formali o sotto i riflettori, ma elementi essenziali della nostra comunicazione quotidiana. Sviluppare un'acuta sensibilità al proprio linguaggio non verbale e a quello degli altri può trasformare la qualità delle nostre interazioni, portandoci verso esiti più soddisfacenti e relazioni più ricche e autentiche.

*Se pensi che questo libro ti sia piaciuto e ti abbia aiutato
ti chiedo di dedicare pochi secondi a lasciare una breve
recensione su Amazon!*

Grazie,

Bianca Fiore